• Guía de estudio •

# CÓMO ACEPTAR EL TRAYECTO

Greg y Lynn McDonald

©2022 Greg McDonald y Lynn McDonald

A menos que se indique lo contrario, todas las citas bíblicas son de la Nueva Versión Internacional (NVI)

Todos los derechos reservados incluso el derecho de reproducir este libro o cualquiera de sus partes de cualquier forma. Hay descuentos por cantidad y otros descuentos especiales para iglesias, asociaciones, ministerios y otros. Para obtener más detalles, contactar a la editorial:

Embracing the Journey, Inc. Berkeley Lake, Georgia
*Correo electrónico*: mail@embracingthejourney.org
*Teléfono*: 770-710-5567
*Sitio web*: https://www.embracingthejourney.org/

Editorial/editor: Beth Jusino
Corrección de estilo en inglés: Elisa Page
Traducción al español: Helen Eby
Corrección de la traducción: Gabriela Penrod
Diseño de la tapa: Colleen Sheehan/The Thatchery y Christopher Lin
Diseño de cubierta: 1234 F
Diseño gráfico: Colleen Sheehan/Ampersand Bookery

ISBN 978-1-7347845-2-7
ISBN 978-1-7347845-3-4 (libro electrónico)

Impreso en los Estados Unidos de América

# ÍNDICE

Introducción . . . . . . . . . . . . . . . . . . . . . . . . .1

Cómo usar este libro . . . . . . . . . . . . . . . . . . .4

Parte I: Superar el temor . . . . . . . . . . . . . . . . .7
    Lección 1: Cuando su mundo se ha trastornado . . . . . .9
    Lección 2: Sentir el dolor . . . . . . . . . . . . . . . . . 17
    Lección 3: "Arreglar" a su hijo(a,e). . . . . . . . . . . . 24
    Lección 4: Limitar los daños . . . . . . . . . . . . . . . 31
    Lección 5: A quién culpar. . . . . . . . . . . . . . . . . 37
    Lección 6: Amar a Dios y a su hijo(a,e) . . . . . . . . . 42
    Lección 7: Practicar lo que Dios manda. . . . . . . . . 48

Parte II: Sobrevivir . . . . . . . . . . . . . . . . . . . . . 55
    Lección 8: La reconciliación . . . . . . . . . . . . . . . 56
    Lección 9: Amar incondicionalmente. . . . . . . . . . . 62
    Lección 10: La vida espiritual de su hijo(a,e) . . . . . . 67
    Lección 11: Cómo aprender a identificarse . . . . . . . 72
    Lección 12: La perseverancia . . . . . . . . . . . . . . . 78
    Lección 13: Cómo identificar gente peligrosa . . . . . . 83
    Lección 14: Cómo identificar gente segura . . . . . . . 90

Parte III: Triunfar . . . . . . . . . . . . . . . . . . . . . . . .95
   Lección 15: Para esto fueron creados . . . . . . . . . . .96
   Lección 16: Descubrir un nuevo propósito . . . . . . . 100
   Lección 17: Amar a su hijo(a,e) y su comunidad. . . . 104
   Lección 18: Dar gracias . . . . . . . . . . . . . . . . . . . 110
   Lección 19: Ayudar a otros a aceptar su camino . . . . 115
   Lección 20: El secreto de la paz y la satisfacción . . . . 122
   Lección 21: Se cierra el círculo. . . . . . . . . . . . . . . 126

Los autores . . . . . . . . . . . . . . . . . . . . . . . . . . . . 133

# INTRODUCCIÓN

Tratamos de criar a nuestros hijos en el ambiente cristiano perfecto: vivíamos en un barrio seguro, íbamos a la iglesia los domingos además de ir al grupo de estudio durante la semana y mandamos a nuestros dos hijos a una escuela cristiana y al grupo de jóvenes. Nuestros libreros estaban llenos de consejos de expertos cristianos en criar niños y en nuestros autos la radio siempre estaba sintonizada a estaciones cristianas. Queríamos darles a Greg Jr. y a Connie todo el amor y la estabilidad que había faltado en nuestra propia niñez.

Pero en 2001, cuando nuestro hijo Greg Jr. estaba en la preparatoria, nos enteramos de que era gay y nuestro mundo entero se vino abajo. Decir que los dos estábamos desolados es poco. El silencio de nuestros amigos y la comunidad de nuestra iglesia fue desgarrador.

Si leyeron nuestro libro *Embracing the Journey: A Christian Parent's Blueprint to Loving Your LGBTQ Child* (Cómo aceptar el trayecto: Una guía para amar a su hijo(a,e) LGBTQ para padres cristianos), ya saben lo que pasó después. Las cosas cambian con el pasar del tiempo, la oración y el amor, y Dios nos llevó de un estado de duelo a uno de gratitud, de uno de vergüenza a uno de ministerio.

Llevó mucho tiempo y fue un camino solitario.

Cuando Greg Jr. salió del clóset buscamos padres cristianos que estuvieran pasando por lo mismo. Sin embargo, aunque cuatro de cada cinco personas LGBTQ+ vienen de un hogar con algún tipo de fe, en nuestra iglesia de cinco mil personas no había ni una familia "declarada" con un(a) hijo(a,e) homosexual, lesbiana, bisexual o transgénero.

Queríamos amar a Dios y a nuestro hijo(a,e) pero no teníamos ni idea de cómo hacerlo. ¿Era posible? No sabíamos. Cometimos muchos errores. Si era posible hacer algo mal, probablemente lo hicimos. Pero también solicitamos el consejo de pastores sabios, leímos la Biblia a fondo y pasamos horas conversando con Dios.

Dios es fiel, y con mucha gracia y trabajo duro, en los años siguientes nuestras relaciones familiares no solo sanaron, sino que se fortalecieron y finalmente, "salimos" junto con nuestro hijo(a,e). Empezamos a reunirnos con otros padres. Al principio era algo informal, a tomar un café, y luego en grupos pequeños. Empezamos a compartir nuestra historia con líderes de iglesias, ayudándolos a apoyar la creciente cantidad de familias que necesitan desesperadamente procesar mil emociones, preguntas y dificultades. Eso nos llevó a crear un ministerio sin fines de lucro, *Embracing the Journey* (Cómo aceptar el trayecto), dedicado a propiciar acercamientos entre la comunidad LGBTQ+, sus familias y la iglesia.

Compartir nuestra experiencia en *Embracing the Journey* fue un pilar importante para construir esa comunidad. Sin embargo, esta guía de estudio es el corazón de nuestra vocación, porque este libro que tienen en sus manos no es para nosotros, es para *ustedes*, las madres y los padres que están cada uno en su propio camino.

Aquí pueden estudiar a fondo las lecciones y verdades que la Biblia nos da a los creyentes, y pueden empezar a ver la forma de aceptar su propio camino con su hijo(a,e). Ya sea que aún estén tratando de asimilar una nueva revelación o que lleven un tiempo procesándola, hay mucho que aprender y en qué pensar. Habrá obstáculos en su camino que nosotros no podemos eliminar, pero esta guía fue creada para ayudarles a superarlos.

Ya sea que estudien este libro con un grupo pequeño de su iglesia o en la quietud de su habitación, queremos que sepan que no están solos. Hay miles de familias en los Estados Unidos que aman a Dios y a sus hijos LGBTQ+. Todas las semanas recibimos mensajes de madres y padres que nos dicen que con el tiempo su vida mejora, incluso su vida espiritual, porque han pasado por lo mismo que ustedes viven hoy.

Cuando nos enteramos de que nuestro hijo es gay, le pedimos a Dios que lo cambiara. Dios, en cambio, nos transformó a nosotros. Dios quiere que ustedes profundicen su relación con Él, y mostrarles cómo amar a su hijo(a,e) LGBTQ+ no a pesar de lo que dice la Biblia sino precisamente por lo que dice la Biblia. Al fin y al cabo, oramos para que ustedes reciban sanación y tengan una relación más íntima con su hijo(a,e) LGBTQ+ y con Jesús mientras Dios crea belleza de las cenizas.

- Greg y Lynn McDonald

# CÓMO USAR ESTE LIBRO

Las 21 lecciones que siguen están basadas en nuestra propia experiencia al estudiar la Biblia, al buscar consejos sabios de pastores y líderes espirituales, y al pasar incontables horas en oración. Están pulidas por las historias y las experiencias de cientos de familias cristianas de todo el país y de todas las denominaciones con quienes hemos recorrido este camino como asesores, consejeros y amigos.

La guía de estudio está organizada en tres partes que reflejan el camino que observamos en las familias una y otra vez. Primero tenemos que ocuparnos de nuestros temores. Luego aceptamos nuestra nueva normalidad y, finalmente, estamos listos para sentir la esperanza que tal vez en algún momento consideramos imposible. En las palabras que han usado por años los psicólogos, pastores y líderes motivacionales para describir cómo se pasa por situaciones inesperadas o difíciles de la vida, (superar) el temor, sobrevivir y triunfar.

Para cada etapa de este camino tenemos siete lecciones individuales basadas en los obstáculos más frecuentes que hemos observado en la relación de las familias con sus hijos LGBTQ+.

Cada lección comienza con una **Introducción** que explora un sentimiento o respuesta que ustedes posiblemente sientan o un obstáculo específico que probablemente enfrenten en su relación. Para superar algo, primero tenemos que nombrarlo y reconocerlo.

Luego pasamos al **Principio**, que es una respuesta a esta situación y una nueva perspectiva basada en la Palabra de Dios y las vivencias de otros padres. Luego seguimos con lo que llamamos **Ponderar**. Ahí vamos a la Biblia para entender nuestras dificultades mejor y ver lo que Dios dice al respecto. Luego les toca a ustedes: **Reflexión** les da una serie de preguntas para ayudarles a considerar su propia vida y situación. Escriban sus respuestas en el espacio indicado para poder volver a ellas y observar su progreso. Finalmente, **Actuar** completa la lección con un paso práctico y claro que pueden dar en su propia vida inmediatamente para ayudar a su familia a sanar.

Tómense el tiempo necesario con esta guía. Si están en un grupo pequeño, trabajarán en las lecciones una por una con el moderador del grupo. Si lo están leyendo por su cuenta, los exhortamos a que lo hagan detenidamente. Lean una lección, contesten las preguntas lo más completa y honestamente que puedan, y tómense un tiempo para orar. Permítanse absorber y considerar las ideas durante los días siguientes antes de pasar a la lección que sigue.

Dios les ha confiado este camino a ustedes, y estará con ustedes en todo momento. No están solos.

*Sobre nuestras condiciones:*

En toda esta guía usamos la frase LGBTQ+ para referirnos a la amplia comunidad de personas lesbianas, gays, bisexuales, transgénero, queer, indecisas y todas las personas cuya orientación sexual o identidad de género sea distinta de lo que vive la mayoría.

# PARTE I:
## *Superar el temor*

*Lección 1:*
# CUANDO SU MUNDO SE HA TRASTORNADO

## Introducción

Muchos padres cristianos sienten que se les cae el mundo cuando se enteran de que tienen un hijo(a,e) LGBTQ+. Quizás esto les haya pasado a ustedes. El shock los paralizó de temor, vergüenza, enojo o desesperanza. Quizá se hayan sentido mal del estómago. Posiblemente su primera reacción fue acurrucarse en posición fetal y desear que la situación se resolviera por sí misma. Después de varias semanas o meses de tratar de asimilarlo, están listos para reconocer que esto es real. En este momento, esta es su familia.

Es posible que su hijo(a,e) haya procesado estos sentimientos por años antes de decirles a ustedes, que haya hablado de su situación con amigos y mentores. Es común que hijos o hijas criados en la iglesia oren e imploren que Dios les quite la atracción que sienten hacia su propio sexo y los haga heterosexuales. Lo más probable es que hayan luchado pensando en el día en que les dirían a ustedes, sus padres, que son LGBTQ+. Puede ser lo más difícil que hayan hecho en la vida.

Por otro lado, cuando ustedes se enteraron pueden haberse sentido como que su hijo(a,e) los abrumó con información inesperada. Ustedes no tuvieron años para procesarlo y orar. De repente, se vieron forzados a volver a examinar sus propias ideas sobre lo que creían que sería la vida de su hijo(a,e) y la suya propia. Los sueños de casamientos, nietos, vacaciones en familia y muchos más cambiaron para siempre y fueron reemplazados por una pesada sensación de incertidumbre.

## Principio 1

Antes de poder sanar de sus temores, tienen que enfrentarlos y reconocerlos. Cuanto más demoren este camino con su hijo(a,e) LGBTQ+, más prolongarán su propio dolor y el de su hijo(a,e).

## Ponderar

Que se destruya algún sueño, no siempre es tan malo como parece, y todavía no sabemos lo que Dios quiere que descubramos.

*El temor sacude nuestra fe.*

Un efecto secundario del temor es que pone al descubierto nuestra falta de confianza en que Dios realmente quiere lo mejor para nosotros. ¿Cómo pudo permitir esto Dios? ¿Es un error? Nos invade la ansiedad y nos empezamos a preocupar y a temer el futuro.

El Salmo 34:18 promete que "el SEÑOR está cerca de los quebrantados de corazón, y salva a los de espíritu abatido."

*El temor prolonga nuestro dolor.*

Cuando el temor nos consume, la verdadera sanación es casi imposible. Un estudio de la Universidad de Minnesota dice que "…cuando la gente vive en temor constante, ya sea de peligros físicos en su entorno o amenazas percibidas por ellos, pueden terminar incapacitados".

El temor nos lleva a escondernos en un clóset. (Una de las ironías que hemos aprendido es que muchas veces cuando las personas salen del clóset, sus padres cristianos se esconden. Hablaremos de eso en la lección 4.) Nos mantiene concentrados en lo peor que podría pasar y en nuestra incapacidad de cambiar los hechos. El temor nos impide sentir la libertad de conocer y confiar en que Dios nos cuida y Dios proveerá porque nos impide entender que Él lo tiene todo bajo control.

*El temor nos separa de Dios.*

Sabemos que Satanás es el origen de las mentiras, es el que engaña al mundo entero. Cuando nos concentramos en las dificultades y los pecados de nuestro hijo(a,e), Satanás usa eso para cegarnos a la importancia de nuestros propios pecados y distraernos de la verdad que Jesús vino para ayudar a los enfermos, incluso a ustedes y a su hijo(a,e).

Romanos 3:23 nos recuerda que, "Todos han pecado y están privados de la gloria de Dios".

*El temor lleva a la desesperanza.*

Satanás sabe que no se puede robar las almas de ustedes ni la de su hijo(a,e) una vez que han confiado en Jesús como su Salvador. Sin embargo, puede destruir su fe llenándolos de temor y llevándolos a preguntarse si esto le importa a Dios. Si a Dios no le importa, no hay esperanza.

1 Pedro 5:8 nos dice, "Practiquen el dominio propio y manténganse alerta. Su enemigo el diablo ronda como león rugiente, buscando a quién devorar."

# Reflexión

1. Si la identidad LGBTQ+ de su hijo(a,e) les cayó de sorpresa, es posible que sus reacciones iniciales hayan demostrado su shock y temor. ¿Cómo responden a situaciones que los hacen sentir fuera de control?

   _____
   _____
   _____
   _____

2. Creer que su hijo(a,e) los engañó en cuanto a su lucha con su orientación sexual puede ser devastador. En lugar de dejarse aturdir por esos sentimientos, deténganse a ver la situación desde el punto de vista de su hijo(a,e).

   a. ¿Su hijo(a,e) podía compartir sus problemas con ustedes en forma segura? Sí o no y, ¿por qué?

   _____
   _____
   _____
   _____
   _____
   _____
   _____

b. ¿Recuerdan alguna acción o comentario despectivo que su hijo(a,e) haya podido observar en ustedes mientras crecía, con respecto a personas de orientación o identidad sexual diferente?

_____
_____
_____
_____
_____
_____

c. ¿Puede haber oído comentarios o sermones en la iglesia que lo hayan llevado a creer que no era seguro compartir su experiencia?

_____
_____
_____
_____

d. ¿Cómo piensan que fue para su hijo(a,e) luchar con su orientación sexual sin sentirse seguro para hablar de eso en su hogar o su iglesia?

_____
_____
_____
_____
_____

3. ¿Sienten que se truncaron algunos sueños que ustedes tenían para su hijo(a,e) LGBTQ+? ¿Cuáles?

4. Mateo 6:34 nos dice, "Por lo tanto, no se angustien por el mañana, el cual tendrá sus propios afanes". Enumeren algunas cosas que les preocupan ahora con respecto a su hijo(a,e) y la relación que tienen con él.

5. Dale Carnegie, un autor y ponente de los Estados Unidos que se hizo famoso con sus cursos de superación personal, sugiere que, "Si quieres superar el miedo, no pienses en ti mismo. Trata de ayudar a otros, y tus temores se desvanecerán." ¿Qué cosas pueden hacer para ayudar a otros, incluso su hijo(a,e) LGBTQ+, en este momento?

## Actuar

Tomen la lista de sueños truncados que tenían para el futuro de su hijo(a,e) y lleven esa lista a Dios en oración, pidiéndole que reemplace los sueños de ustedes con Sus planes.

## *Lección 2:*
# SENTIR EL DOLOR

### Introducción

El dolor es una respuesta natural a cualquier pérdida, incluso a perder un sueño o un deseo para el futuro. Para muchos padres, a la noticia de que su hijo(a,e) es LGBTQ+ le sigue un dolor profundo, duelo y a veces depresión. Algunos padres cristianos nos han dicho que hubiera sido más fácil para ellos lidiar con la muerte que con la noticia de que su hijo(a,e) era LGBTQ+. Esta sensación de pérdida se siente como una muerte. Cuestionar la vida espiritual y la salvación de su hijo(a,e), preocuparse por el riesgo de que sea víctima de un delito de odio o de una enfermedad que ponga en riesgo su vida, y lamentar los sueños que uno tenía de que su hijo(a,e) tuviera un matrimonio tradicional o tuviera hijos puede ser abrumador. Estas son respuestas naturales que nos duelen.

### Principio 2

El duelo es un proceso natural y saludable por el que tienen que pasar para poder avanzar en su camino.

## Ponderar

*Usen el dolor para crecer.*

En Romanos 5: 3 y 4, el apóstol Pablo escribe que, "El sufrimiento produce perseverancia; la perseverancia, entereza de carácter; la entereza de carácter, esperanza".

Es natural querer evitar circunstancias desagradables, pero Pablo nos recuerda que debemos vivir estas cosas para llegar a la esperanza. Es normal evitar el dolor, pero aceptarlo es el primer paso para sanar.

Aprendimos esta lección cuando vivíamos en el norte de Michigan, donde el invierno puede ser implacablemente helado y las quemaduras por frío no son raras. Si se le congela la mano a alguien, la siente entumecida. Para recuperar la sensación, hay que poner la mano bajo un chorro de agua fría. Al principio, se siente una quemazón en la mano y es increíblemente incómodo, hasta doloroso. Pero si uno deja la mano en el agua y empieza a mover los dedos, poco a poco le vuelve el calor a esa parte del cuerpo. La recuperación viene después de sentir ese dolor ardiente.

*El dolor se debe compartir.*

Génesis 37:34 dice: "y Jacob se rasgó las vestiduras y se vistió de luto, y por mucho tiempo hizo duelo por su hijo(a,e)."

En la época de la Biblia, los que estaban en duelo se rasgaban las vestiduras o se vestían de cilicio para mostrarle a su comunidad la profundidad de su dolor. Hoy el duelo tampoco es algo privado que pasa a puertas cerradas. Tradicionalmente, cuando hacemos luto por la muerte de un ser querido se avisa inmediatamente a los amigos y parientes y la persona no se queda sola para hacer duelo.

Los seres queridos vienen a apoyar a la persona que sufre. Vienen visitas con comida o flores para expresar su apoyo.

Afrontar cualquier tipo de pérdida es una experiencia profundamente personal. Nadie puede ayudarles a que sea más fácil ni entender todas sus emociones. Sin embargo, otros pueden acudir a consolarlos durante el proceso. Cuando los padres sufren el cambio en la familia como resultado de que un hijo(a,e) sea LGBTQ+, muchas veces sienten que no tienen a quién acudir para acompañarlos en ese momento. Si ustedes están en esa situación, es mucho más difícil el duelo y todavía más importante asegurarse de tener el espacio necesario para tener esos sentimientos en lugar de esconderlos en el clóset. Lo mejor que pueden hacer es permitirse sentir el dolor cuando llega. Resistirlo sólo prolonga el proceso natural de sanar.

# Reflexión

Las etapas del duelo y la pérdida son universales y las personas de todas las procedencias sociales siguen el mismo patrón. Muchos las conocen como las "cinco etapas del duelo" propuestas por Elizabeth Kubler-Ross en *On Death and Dying (versión en español: La muerte: un amanecer)*. Incluyen: (1) negación y aislamiento, (2) ira, (3) negociación, (4) depresión y (5) aceptación.

1. *Negación y aislamiento:* Una de las primeras reacciones cuando alguien se entera de una pérdida importante es negar la realidad de la situación para racionalizar las emociones abrumadoras. Es un mecanismo de defensa que nos protege en momentos de shock inmediato. Bloqueamos las palabras y nos escondemos de los hechos. Es una respuesta temporal que nos ayuda a sobrellevar la primera oleada de dolor.

    ¿Ustedes observan en sí mismos o en miembros de su familia formas de negar la noticia de que su hijo(a,e) se identifica como LGBTQ+? ¿Hay áreas en las que ustedes se están aislando de los demás?

    _____
    _____
    _____
    _____
    _____

2. *Ira:* Al empezar a desgastarse la pantalla de la negación y el aislamiento, pueden surgir emociones intensas y el dolor se manifiesta como ira. Esta ira tiene un aspecto distinto en cada persona. Quizá se enojen con objetos inanimados, con extraños, amigos, parientes, su iglesia, su cónyuge o con su hijo(a,e) LGBTQ+.

¿Hay áreas de su vida en las que sienten que su ira va en aumento? Piensen en la última vez que tuvieron un estallido de furia. ¿Cuál fue la causa, y cómo se expresaron?

_____
_____
_____
_____
_____

3. *Negociación:* Muchas veces la reacción normal a una sensación de impotencia y vulnerabilidad es tener que hacer algo para retomar el control. Quizá traten de hacer una negociación secreta con Dios para tratar de revertir los sucesos que les causaron dolor. "Dios, si haces que mi hijo(a,e) sea heterosexual, iré a la iglesia todos los domingos / te alabaré todos los días de mi vida / oraré más a menudo / donaré más dinero", etc.

¿Han negociado con Dios en algún momento? ¿Qué ofrecieron? ¿Cuál fue el resultado?

_____
_____
_____
_____
_____
_____
_____

4. ***Depresión:*** Procesar una pérdida se asocia con distintos tipos de depresión. A veces es sutil o privada y se manifiesta como un bajo estado de ánimo general. Sin embargo, otras veces la pérdida es devastadora e interfiere con la vida diaria y nos lleva a la cama y a algún rincón oscuro. A veces necesitamos el abrazo y aliento de un amigo o ser querido para recordar que Dios realmente tiene las riendas y que a Él nada le sorprende. Según la profundidad de nuestro dolor, quizá necesitemos atención médica profesional.

   ¿Están luchando con la depresión esporádica o continuamente? ¿Cómo se manifiesta en su vida? ¿Con quiénes han compartido sus sentimientos o vivencias?

   _____
   _____
   _____
   _____

5. ***Aceptación:*** No todos tienen la bendición de llegar a esta etapa del duelo. Para los que llegan a la aceptación, el dolor se mitiga, la depresión se disipa y pueden ver un camino para avanzar hacia su nueva realidad.

   ¿Están demorando la aceptación al no permitirse sentir el dolor? ¿Se están resistiendo a las expresiones de su dolor, o reprimiéndolas?

   _____
   _____
   _____
   _____

# Actuar

Apóyense en el dolor, compártanlo,
y Dios los sanará en su momento.

## *Lección 3:*
# "ARREGLAR" A SU HIJO

## Introducción

Frecuentemente, a los padres cristianos se les dificulta imaginarse que un Dios bueno y perfecto podría crear un hijo en Su imagen que deseara algo que no fuera un compromiso de vida con una persona del sexo opuesto. Por lo tanto, ellos mismos deciden intentar 'arreglar' a su hijo(a,e) LGBTQ+.

Si alguna vez han sido tratados como un proyecto que necesita arreglo, sabrán que generalmente no sale bien. A nadie le gusta sentirse que no lo aman tal como es. En el caso de las personas que se identifican como LGBTQ+, seguramente han sabido por años que son distintas y en muchos casos la sociedad las ha tratado como si estuvieran defectuosas.

## Principio 3

Lo que le pedimos a Dios que elimine de la vida de nuestro hijo(a,e) posiblemente sea exactamente lo que Dios va a usar para atraer tanto a nuestro hijo(a,e) como a nosotros a una relación más profunda con Él.

# Ponderar

*Dios sabe la historia de su hijo(a,e).*

En el Salmo 139:13-16, el salmista escribe: "Tú creaste mis entrañas; me formaste en el vientre de mi madre. ¡Te alabo porque soy una creación admirable! ¡Tus obras son maravillosas, y esto lo sé muy bien! Mis huesos no te fueron desconocidos cuando en lo más recóndito era yo formado, cuando en lo más profundo de la tierra era yo entretejido. Tus ojos vieron mi cuerpo en gestación: todo estaba ya escrito en tu libro; todos mis días se estaban diseñando, aunque no existía uno solo de ellos."

Dios conoció a su hijo(a,e) antes que ustedes, y lo conoce mejor que ustedes. Solo Él sabe toda su historia de vida y para qué lo creó. Recuerden que las historias de ustedes y su hijo(a,e) todavía se están escribiendo.

Probablemente su hijo(a,e) es lo suficientemente grande para saber lo que quiere y quizás ha sabido por años que esta parte de su identidad era distinta. La mayoría de las personas LGBTQ+ que hemos conocido y con quienes hemos hablado no decidieron ser gay ni transgénero. Siempre supieron que eran distintos. Cuando los muchachos hacían chistes en los vestidores con respecto a la atracción por alguien, siempre supieron que eso no describía lo que ellos sentían. No podían simplemente decidir ser heterosexuales. De hecho, en el transcurso de aconsejar y asesorar a cientos de familias cristianas les hemos preguntado rutinariamente a las personas que se identifican como LGBTQ+, "¿Cuándo decidiste ser gay?" Generalmente responden, "¿Estás bromeando? ¿Quién elegiría esto?" *Ni una sola persona LGBTQ+ nos ha dicho que eligió esto para sí mismo.*

## ¡Sáquense la viga del ojo!

En Mateo 7:1-5, Jesús dice:

> "No juzguen a nadie, para que nadie los juzgue a ustedes. Porque tal como juzguen se les juzgará, y con la medida que midan a otros, se les medirá a ustedes. ¿Por qué te fijas en la astilla que tiene tu hermano en el ojo, y no le das importancia a la viga que está en el tuyo? Cómo puedes decirle a tu hermano: "Déjame sacarte la astilla del ojo", cuando ahí tienes una viga en el tuyo? ¡Hipócrita!, saca primero la viga de tu propio ojo, y entonces verás con claridad para sacar la astilla del ojo de tu hermano."

Con frecuencia, la primera reacción de los padres cristianos cuando se enteran de que su hijo o hija es LGBTQ+ es hablar de pecado. "¿Saben que yo creo que eso es un pecado? ¿Conocen mi postura teológica al respecto?"

Dios se toma el pecado en serio, y según la Biblia también se toma el amor en serio. En 1 Pedro 4:8 dice: "Sobre todo, ámense los unos a los otros profundamente, porque el amor cubre multitud de pecados." Todos tenemos dificultades con el pecado. Enfocarse por igual en sus propias dificultades les recuerda cuánto los ama Jesús a ustedes, y cómo imitar a Cristo implica amar a su hijo(a,e) en la situación en que se encuentre. Al fin y al cabo, el Nuevo Testamento está lleno de relatos en los cuales el Salvador estaba acompañado por los que luchaban con los chismes, la lujuria y la mentira. Ama a los adúlteros y los cobradores de impuestos, y también los ama a ustedes y a su hijo(a,e).

Como dijo el evangelista Billy Graham cuando le preguntaron por qué asistiría a una cena en la Casa Blanca con el presidente Bill

Clinton como anfitrión después de que se dio a conocer su escándalo sexual, respondió: "El Espíritu Santo es responsable de convencer a alguien de su pecado, a Dios le toca emitir juicio, y a mí solo me toca amar".

# Reflexión

1. ¿Alguna vez han pensado que otros los están juzgando? ¿Qué sintieron? ¿Cómo reaccionaron? ¿Cambiaron?

___

2a. ¿Hay alguna parte de ustedes que cree que su hijo(a,e) podría decidir ser heterosexual?

___

2b. Si dijeron que sí, ¿recuerdan algún momento en el que ustedes decidieron ser heterosexuales, o eso siempre ha sido parte de su identidad? ¿Hay una diferencia entre estas percepciones?

3a. Cuando reflexionan sobre los papeles que menciona el Rev. Graham en la cita anterior, ¿qué papel quieren tener en la vida de su hijo(a,e)? ¿Por qué? ¿Esa es la función que consideran que están cumpliendo en su vida en este momento?

3b. Si le leyeran la cita de Billy Graham a su hijo(a,e) y le preguntaran qué papel piensa que ustedes están desempeñando, ¿su hijo(a,e) estaría de acuerdo con ustedes? ¿Por qué?

# Actuar

Si se sienten que esta semana se están concentrando en lo que está mal con su hijo(a,e), dejen de hacerlo y en cambio traten de escuchar la voz serena y tranquila de Dios. ¿Hay algo que Él les está tratando de enseñar por medio de esta circunstancia?

## *Lección 4:*
# LIMITAR LOS DAÑOS

### Introducción

Cuando un hijo(a,e) sale del clóset, la primera reacción de la mayoría de los padres cristianos es meterse al clóset. Sienten una enorme necesidad de evaluar la situación y quizá limitar los daños antes de que se enteren los demás. "Quizá sea una etapa y se le va a pasar, así que guardemos silencio." "Quizá sea el resultado de la influencia de otros." "Quizá esté confundida y todavía no haya conocido al chico de sus sueños."

Quizá estén tratando de buscarle tres pies al gato para encontrar un poco de esperanza de que esto desaparezca antes de que se enteren la familia, los amigos y los colegas. "¿Qué pensarán de mí? ¿Qué pensarán de mí esposo(a)? ¿Qué pensarán de mí hijo(a,e)?"

Es posible que su instinto natural de proteger a su hijo(a,e) haya aumentado exageradamente. La vida puede ser bastante difícil para una persona heterosexual, así que ¿qué sucederá si queda marcado con el estigma de ser LGBTQ+? Además, seamos honestos: también se quieren proteger a ustedes mismos. Probablemente no quieran ser identificados como los padres de un hijo(a,e) LGBTQ+.

## Principio 4

Tratar de mantener secreto un cambio importante en la vida dificulta más sobrellevar el impacto emocional.

## Ponderar

En el Salmo 23:1, el salmista dice: "El Señor es mi pastor, nada me falta." Sigue así: "en verdes pastos me hace descansar. Junto a tranquilas aguas me conduce; me infunde nuevas fuerzas. Me guía por sendas de justicia por amor a su nombre. Aun si voy por valles tenebrosos, no temo peligro alguno porque tú estás a mi lado; tu vara de pastor me reconforta."

Frecuentemente se dice que nada bueno crece en la oscuridad. Cuando nos distraemos porque estamos preocupados por el futuro, es difícil encontrar a Dios. Una de las formas en que trata de destruirnos el enemigo es arrastrándonos a los valles tenebrosos. Ahí trata de llenarnos de ansiedad sobre lo que podría pasar o nos tienta a obsesionarnos con el pasado. Cuando vivimos en un presente lleno de luz, en cambio, Dios está ahí con nosotros.

Al decidir meterse en el clóset con los secretos que guardan sobre su hijo(a,e) LGBTQ+, sus amigos, familia y seres queridos no pueden acompañarlos y apoyarlos en este momento difícil. Como vimos antes, sin embargo, los momentos de dolor y pérdida son cuando más necesitamos que se nos acerquen nuestros amigos y nos amen, nos animen y nos acompañen. Cuando nos metemos al clóset y escondemos la realidad de nuestro hijo(a,e) LGBTQ+, los amigos y seres queridos que quisieran ayudarnos no saben de nuestro dolor y no pueden orar por nuestra dificultad específica.[1]

Esconder su secreto crea un falso sentido de seguridad de que podrán conservar su familia, amigos y trabajo igual que toda la vida. La verdad es que las mentiras, incluso las de omisión, crecerán y se pudrirán en la oscuridad. Cuando se esconden en la oscuridad de su clóset, su dolor se prolonga. Solo cuando se salen del clóset es que pueden empezar a sanar.

---

[1] Es importante reconocer aquí que no todos sus seres queridos tendrán deseos de ayudarlos ni en esta dificultad ni en ningún otro desafío importante de su vida. Una de las lecciones difíciles que hemos aprendido es que hay gente segura y gente peligrosa. Hablaremos más de cómo identificarlas y relacionarnos con ellas en la parte II de esta guía.

# Reflexión

1. Si sus amigos y familiares ven que ustedes aceptan y aman a su hijo(a,e), ¿qué mensaje les estarán transmitiendo? ¿Qué se siente?

_____
_____
_____
_____

2a ¿Sus amigos cristianos de la iglesia y la comunidad saben que su hijo(a,e) es LGBTQ+? Si lo saben, ¿cómo respondieron? ¿Quién fue la persona que más los apoyó? ¿Quién los sorprendió?

_____
_____
_____
_____
_____

2b. Si no han compartido la noticia de su familia con sus amigos de la iglesia, ¿por qué no? Mencionen qué temor específico se los impide.

_____
_____
_____
_____

3. ¿Hay otras áreas de su vida en las que hayan aceptado públicamente su realidad, aunque sea distinta al ideal que habían deseado? ¿Pueden describirla?

# Actuar

Empiecen el proceso de sanar dando un paso al frente al compartir su historia con un ser querido de confianza, un amigo o un consejero.

## *Lección 5:*
# A QUIÉN CULPAR

### Introducción

*culpa:Imputación a alguien de una determinada acción como consecuencia de su conducta.*[2]

Los padres culpamos con naturalidad, ¿cierto? ¿Quién rompió el florero? ¿Quién dejó la puerta abierta? ¿Quién derramó la leche y no la limpió?

Por ello, es comprensible que muchos padres busquen a quién culpar cuando los sorprende que su hijo(a,e) sea LGBTQ+. Frecuentemente culpan a su cónyuge. "Esto no hubiera sucedido si no hubieras sido una madre tan posesiva!" "¡Si no lo hubieras consentido tanto!" "No sería homosexual si no hubieras insistido tanto en los deportes! ¡Si hubieras pasado más tiempo con él haciendo cosas de hombre!" Analizan a su hijo(a,e) para ver si presentan señales de trauma o abuso sexual que tal vez no hayan notado. Muchos padres incluso cargan ellos mismos con la culpa de lo que podrían

---

[2]  Diccionario de la lengua española v. culpa 1: https://dle.rae.es/culpa

haber contribuido a la orientación o identidad sexual de su hijo(a,e). "¿Hice o dije algo que cambió su sexualidad?"

Quizá también se hayan cuestionado si algo o alguien llevó a su hijo(a,e) o hija a ser LGBTQ+.

## Principio 5

Aunque nosotros quizá no entendamos por qué pasan ciertas cosas, Dios sí lo entiende. Su propósito divino está detrás de todo lo que pasa.

## Ponderar

Es imposible evitar sentirse culpable. Todos lo vivimos en algún momento. Pero es importante distinguir la culpa falsa y la culpa verdadera. La culpa verdadera es lo que vivimos cuando el Espíritu Santo nos convence de nuestro verdadero pecado. Para los padres de personas LGBTQ+ eso puede ser:

- *Le dije cosas terribles a mi hijo(a,e) cuando me dijo que era gay.*
- *Corrí a mi hijo(a,e) de la casa.*

La culpa falsa es el resultado de sentir vergüenza sin haber hecho nada malo. La falsa culpa nos da una carga que no viene de Dios. Los siguientes son algunos ejemplos de mensajes de falsa culpa que el enemigo les manda a los padres como ustedes:

- *Mi hijo(a,e) es gay porque estuve ausente.*
- *Mi hijo(a,e) es bisexual porque no lo protegí del abuso sexual.*

- *Me siento culpable porque fui una madre dominante.*
- *Me siento culpable porque fui un padre pasivo.*

Satanás quiere distraerlos con pensamientos dolorosos sobre lo que podrían o deberían haber hecho, pero los estudios muestran que la sexualidad está programada por lo menos parcialmente desde el nacimiento. Su hijo(a,e) es parte del plan divino de Dios.

Ninguno de nosotros, y tampoco su hijo(a,e) LGBTQ+, somos el resultado de algún accidente cósmico. Ninguno de nosotros, ni siquiera Adán y Eva, que tenían un padre perfecto, somos perfectos. Es posible que el plan de Dios no se revele cuando nosotros queremos verlo, pero se nos llama a creer que Dios lo revelará en su momento.

# Reflexión

1. ¿Alguna vez se han enojado con Dios por permitir que tengan un hijo(a,e) LGBTQ+? ¿Han expresado ese enojo alguna vez? ¿Cómo?

_____
_____
_____
_____

2. Cuando oyen que Dios tiene un plan y un propósito maravilloso para usted y su familia, ¿cómo reaccionan?

_____
_____
_____
_____

3. Al pasar tiempo con su hijo(a,e) LGBTQ+, ¿en qué ven la obra de Dios en su hijo(a,e)? ¿Están dispuestos a confiar en Dios con este proceso, aunque no sea el resultado que desean? ¿Pueden describirlo?

_____
_____
_____
_____

## Actuar

Si se sienten tentados a acusar a alguien (su hijo(a,e), su cónyuge, incluso a ustedes mismos) por el hecho de que su hijo(a,e) se reveló como LGBTQ+, deténganse y hablen con Dios, confiando en que solo Él sabe qué propósito tiene para su familia.

## *Lección 6:*
# AMAR A DIOS Y A SU HIJO

## Introducción

Muchos padres cristianos, cuando aceptan la nueva normalidad de su familia, luchan con el conflicto entre amar a Dios y amar a su hijo(a,e) LGBTQ+. "Si acojo a mi hijo(a,e), ¿le estoy dando la espalda a Dios?" O, "Si amo a Dios, ¿le estoy dando la espalda a mi hijo(a,e)?

No teman explorar esos pensamientos. Entender estas nuevas relaciones con sus seres queridos es una parte importante del proceso de sanación.

## Principio 6

Pueden amar a su hijo(a,e) LGBTQ+ no a pesar de su fe, sino debido a su fe.

# Ponderar

¿A quién se nos llama a amar? ¿Solamente a quienes piensan, viven y se parecen a nosotros? Veamos lo que enseñó Jesús. Antes de amar como lo hizo Jesús, nos debemos comprometer con sus enseñanzas.

En Mateo 22:36-40, le preguntan a Jesús, "Maestro, ¿cuál es el mandamiento más importante de la ley?" Jesús contestó: 'Ama al Señor tu Dios con todo tu corazón, con todo tu ser y con toda tu mente'. Éste es el primero y el más importante de los mandamientos. El segundo se parece a éste: 'Ama a tu prójimo como a ti mismo'. De estos dos mandamientos dependen toda la ley y los profetas".

¿Quién es nuestro prójimo? En el libro de Lucas, 10:25-37, Lucas escribió la Parábola del buen samaritano.

> *En esto se presentó un experto en la ley y, para poner a prueba a Jesús, le hizo esta pregunta: "Maestro, ¿qué tengo que hacer para heredar la vida eterna?" Jesús replicó: "¿Qué está escrito en la ley? ¿Cómo la interpretas tú?" Como respuesta el hombre citó: "Ama al Señor tu Dios con todo tu corazón, con todo tu ser, con todas tus fuerzas y con toda tu mente", y: "Ama a tu prójimo como a ti mismo." "Bien contestado", le dijo Jesús. "Haz eso y vivirás." Pero él quería justificarse, así que le preguntó a Jesús: "¿Y quién es mi prójimo?" Jesús respondió: "Bajaba un hombre de Jerusalén a Jericó, y cayó en manos de unos ladrones. Le quitaron la ropa, lo golpearon y se fueron, dejándolo medio muerto. Resulta que viajaba por el mismo camino un sacerdote quien, al verlo, se desvió y siguió de largo. Así también llegó a aquel lugar un levita, y al verlo, se desvió y siguió de largo. Pero un samaritano que iba de viaje llegó adonde estaba el hombre y, viéndolo, se compadeció de él. Se acercó, le curó las heridas con vino y aceite, y se las vendó. Luego lo montó sobre su propia cabalgadura, lo llevó*

> *a un alojamiento y lo cuidó. Al día siguiente, sacó dos monedas de plata y se las dio al dueño del alojamiento. "Cuídemelo —le dijo—, y lo que gaste usted de más, se lo pagaré cuando yo vuelva." ¿Cuál de estos tres piensas que demostró ser el prójimo del que cayó en manos de los ladrones? "El que se compadeció de él", contestó el experto en la ley. "Anda entonces y haz tú lo mismo", concluyó Jesús.*

¿Por qué es tan importante este relato? Porque los samaritanos de ese entonces no solo eran marginados. Los judíos y los samaritanos se consideraban enemigos despreciables mutuamente. Sin embargo, el samaritano del relato de Jesús lo arriesgó todo: puso en riesgo su reputación, y además sacrificó dinero, tiempo y ayuda por una persona que la sociedad consideraba su enemigo. Lo hizo incondicionalmente.

¿Ven la conexión? Jesús nos da un hermoso ejemplo de a quién y cómo amar bien en su nombre. Nos muestra la importancia de los marginados —marginados como la comunidad LGBTQ+—, a quienes la sociedad y la iglesia les rehúyen tan frecuentemente. Ahora, más que nunca, nuestros hijos e hijas necesitan el amor incondicional de sus padres. La enseñanza de Jesús es clara y no hay tecnicismos, atajos ni rodeos.

En Romanos 3:10, Pablo dice: "No hay un solo justo, ni siquiera uno." ¿No están contentos de que Jesús no haya buscado un tecnicismo al amarlos?

# Reflexión

1. Vuelvan a leer la Parábola del buen samaritano. ¿De qué maneras prácticas mostró amor el samaritano, según la descripción de Jesús? ¿Cuáles serían los comportamientos equivalentes hoy?

_____
_____
_____
_____
_____
_____
_____

2a. Fíjense en los relatos de la vida de Jesús en el Nuevo Testamento. ¿A quiénes, cuándo y cómo amaba Jesús? ¿Pueden encontrar a alguien que Jesús haya considerado indigno de su amor, su tiempo o su relación personal?

_____
_____
_____
_____
_____
_____
_____

2b. ¿Hay algo en Su enseñanza o sus acciones que justifique que excluyamos a ciertos grupos de nuestro amor, tiempo o relación personal?

___

3. ¿Hay alguien que consideren un enemigo debido a sus creencias o su estilo de vida, así como los samaritanos y los judíos se veían como enemigos? ¿De qué formas prácticas les pueden demostrar amor esta semana?

___

## Actuar

Elijan una forma nueva de demostrarle a su hijo(a,e) LGBTQ+ un amor tan generoso como el que le demostró el buen samaritano al viajero judío.

## Lección 7:
# PRACTICAR LO QUE DIOS MANDA

### Introducción

Vivimos en una sociedad cada vez más polarizada, cada vez más llena de citas jugosas. La influencia de lo que recibimos de internet, la televisión, la radio —y lamentablemente en algunos casos de otros cristianos de la iglesia—, ha facilitado que hasta los seguidores más devotos de Jesús se nos escapen de la boca o el teclado, palabras ofensivas y actitudes moralistas.

Como padres de un hijo(a,e) LGBTQ+, probablemente lo hayan vivido en carne propia. Desde que su hijo(a,e) salió del clóset frente a ustedes, es posible que hayan visto palabras en línea que los hayan avergonzado, escritas por personas que aprecian o líderes en quienes confían. En nuestra experiencia, los que más rápido citan versículos[3] frecuentemente usados por cristianos que condenan a las personas LGBTQ+ son las personas que no tienen seres queridos que se identifican como LGBTQ+.

---

3   Génesis 19:1-29, Levítico 18:22, Levítico 20:13, Romanos 1:24-27, I Corintios 6:9-10, I Timoteo 1:9-10

Mientras tanto, tal vez ustedes estén empezando a ver las cosas de otro modo. Un suceso que cambia la vida —como el que un hijo(a,e) LGBTQ+ salga del clóset—, a menudo manda a los padres cristianos a volver examinar los evangelios con una profundidad y mirada fresca. Con esta nueva perspectiva, empiezan a analizar la vida y las enseñanzas de Jesús desde un punto de vista muy distinto.

## Principio 7

Muchas de las cosas que Dios valora son exactamente lo opuesto de lo que se nos dijo que valoremos. Mantengan su atención fija en Jesús y Su Palabra, y usen ese filtro para ver cómo pensar y actuar.

## Ponderar

A veces cuando Dios nos muestra algún aspecto de su persona, o lo que desea que hagamos, nos trastorna. Empezamos a preguntarnos si podemos confiar en lo que creíamos antes.

A decir verdad, si nos fijamos en lo que dice la Biblia de Jesús, Él valora muy poco de lo que el mundo nos ha dicho que apreciemos. Desde que aparece por primera vez en las páginas de la historia, es radical en cuanto a con quiénes pasa tiempo, lo que dice y cómo trata a la gente.

El reino de Jesús es totalmente lo opuesto, nada de lo que muchos de nosotros esperamos. Considere lo siguiente:

| El mundo nos dice | Jesús nos dice | Referencia |
| --- | --- | --- |
| Hay que ver para creer | Hay que tener fe para ver | Juan 20:25 |
| Aparenta ser sabio | Debes estar dispuesto a parecer un necio | 1 Corintios 3:18 |
| Trata de salvar tu vida | Debes perder tu vida | Mateo 16:25 |
| Trata de ser primero | Los últimos serán los primeros | Marcos 9:35 |
| Trata de ser grande | Conviértete en el servidor | Marcos 10:43 |
| Trata de enriquecerte más | Comparte para que todos tengan | Hechos 4:32-34 |
| Tratar de ser líder | Debes ser siervo | Marcos 10:43 |
| Busca que te enaltezcan | Sé humilde | Lucas 14:11 |
| Vela por tus intereses | Vela por los intereses de los demás | Filipenses 2:4 |
| Eres superior a los demás | Considera a los demás superiores a ti | Filipenses 2:3 |
| Busca recibir mucho | Busca dar mucho | Lucas 6:33-35 |
| Presume tus buenas obras | Mantén tus buenas obras en secreto | Mateo 6:3-4 |
| El amor se enfría | El amor nunca falla | 1 Corintios 13:8 |
| Odia a tus enemigos | Ama a tus enemigos | Mateo 5:44 |
| Busca la venganza | Perdona porque has sido perdonado | Corintios 3:13 |
| Oculta tus errores | Confiesa tus pecados | Proverbios 28:13 |
| Enfatiza el poder humano | Enfatiza el poder del Espíritu Santo | Zacarías 4:6 |
| Te importa más la religión | Eleva tu amor por Dios y por los demás | Marcos 12:28-31 |

| | | |
|---|---|---|
| Todos deben pensar como tú | Trata de pensar a semejanza de Dios | Mateo 7:1-5 |
| Muchas cosas son imposibles | Di que todo es posible | Marcos 9:23 |
| Trata de negociar la paz | La paz está en ser uno con el E.S. | Efesios 4:3 |
| Busca que te reconozcan | El anonimato es un objetivo valorado | Mateo 6:1-4 |

Efesios 5:1-2 nos recuerda: "Imiten a Dios, como hijos muy amados, y lleven una vida de amor, así como Cristo nos amó y se entregó por nosotros como ofrenda y sacrificio fragante para Dios". Vivir como imitadores de Jesús que valoran las cosas de Su reino en lugar de aceptar los valores del mundo, debe transformar nuestra forma de ver la vida para que se asemeje más a cómo la ve Dios.

Como dice nuestro amigo David Gushee en su libro *Changing our Minds,* "Que yo ame a una persona LGBTQ+ no implica que ya no pueda pensar."

# Reflexión

1. Consideren una vez más la lista de cosas que describen el reino de Jesús. ¿Qué cosas les llaman la atención porque son distintas de lo que ven a su alrededor más frecuentemente?

2. ¿Cómo cambia su actitud hacia su hijo(a,e), su comunidad LGBTQ+ y la comunidad de la iglesia a la luz de las prioridades del reino de Jesús?

3. ¿Cómo ayuda lo que hacen por su hijo(a,e) LGBTQ+ para que se acerque a Jesús paso a paso? ¿Hay algo que ustedes estén haciendo o alguna actitud a la cual se estén aferrando que esté alejando a su hijo(a,e)?

# Actuar

Esta semana, tómense tiempo para estudiar los Evangelios y observar las cosas que Jesús valoraba.

# PARTE II:
## *Sobrevivir*

*Lección 8:*
# LA RECONCILIACIÓN

## Introducción

Con demasiada frecuencia, los padres tienen una relación tensa o inexistente con su hijo(a,e) LGBTQ+. Cuando se pierde el control de las emociones se dicen cosas, se cometen errores, y tanto los padres como el hijo(a,e) pueden terminar sintiéndose traicionados o frustrados.

Si ustedes se sienten heridos u ofendidos por su hijo(a,e), o si su hijo(a,e) se siente herido u ofendido por ustedes, la Biblia dice que el siguiente paso debería ser la reconciliación. En Juan 3:16-17 se nos recuerda que: "Porque tanto amó Dios al mundo, que dio a su Hijo unigénito, para que todo el que cree en él no se pierda, sino que tenga vida eterna. Dios no envió a su Hijo al mundo para condenar al mundo, sino para salvarlo por medio de él". Piensen en eso. Como cristianos hemos leído ese versículo tantas veces que es fácil perdernos lo que Dios nos está diciendo. ¡Dios envió a su único hijo a morir en una cruz para que nos podamos reconciliar con Él! Así de importantes son para Dios las relaciones íntegras.

Quizá no sea ni cómoda ni intuitiva, pero la reconciliación es la esencia misma del evangelio.

## Principio 8

Restaurar la relación con su hijo(a,e) es un paso esencial para llegar a la sanación y para crear un espacio seguro para que su familia crezca.

## Ponderar

Reconciliarse no tiene nada que ver con tener razón. Tiene que ver con estar bien con Dios. La Biblia dice claramente que no podemos estar bien con Dios si no estamos bien con los demás.

En Mateo 5:23-24, Jesús nos dice: "Por lo tanto, si estás presentando tu ofrenda en el altar y allí recuerdas que tu hermano tiene algo contra ti, deja tu ofrenda allí delante del altar. Ve primero y reconcíliate con tu hermano; luego vuelve y presenta tu ofrenda".

Como padres, tienen la oportunidad de dar el primer paso en la reconciliación de su familia. Dios les ha confiado criar un hijo(a,e), y eso incluye enseñarle buen comportamiento con el ejemplo. Es su responsabilidad como padres ser más maduros que su hijo(a,e) en la relación que tienen e iniciar la reconciliación cuando sea necesario. Les corresponde a ustedes transformar una confrontación en una conversación.

No puede haber reconciliación mientras haya confrontación. La confrontación crea una situación donde solo hay ganadores y perdedores. "Para que yo tenga razón, tú tienes que estar equivocado. Tengo que ganar esta pelea asegurándome de que tú pierdas". Sin embargo, los que se concentran en ganar tienen menos probabilidades de ser receptivos a comentarios o de estar abiertos a una solución o comprometidos con entender a la contraparte.

Entonces, ¿qué se necesita para la reconciliación?

*Tener un deseo genuino de restaurar la relación con su hijo(a,e).*

Ser conciliador es una forma poderosa de ser un imitador de Cristo. Ofrezcan el perdón tal como Dios les ofreció el perdón a ustedes.

En Romanos 5:6-8, el apóstol Pablo escribe: "A la verdad, como éramos incapaces de salvarnos, en el tiempo señalado Cristo murió por los malvados. Difícilmente habrá quien muera por un justo, aunque tal vez haya quien se atreva a morir por una persona buena. Pero Dios demuestra su amor por nosotros en esto: en que cuando todavía éramos pecadores, Cristo murió por nosotros".

*Escuchen con calma y activamente*

Como dice John Paul Lederach, reconocido autor y profesor de Construcción de la paz en la Universidad de Notre Dame, "Hablar bien y escuchar atentamente no es nada fácil cuando hay gran emoción y conflicto profundo. La identidad misma de las personas se ve amenazada". Eso no debe impedir que se reconcilien.

Al interactuar con su hijo(a,e), estén conscientes de su propio tono de voz, lenguaje corporal y semblante. Asegúrense de comunicar un mensaje respetuoso, lleno de compasión y sin emitir juicio.

*Esfuércense por entender el punto de vista del otro y reconocer que quizá tengan que estar de acuerdo en no estar de acuerdo.*

La Ley de Miles, concebida por Rufus Miles, dice: "La posición en la que te encuentras depende de dónde te sientas".

Para tener una relación significativa con su hijo(a,e), tiene que confiar en ustedes y sentirse seguro cuando les cuenta un secreto. Una forma de llegar a eso es mostrarle que realmente les interesa escuchar sus experiencias y su perspectiva. Abordar una plática con preguntas crea un ambiente en el que la persona se siente reconocida y da lugar a la conversación en lugar de al conflicto. Hacer preguntas abiertas crea un ambiente en el que se puede tratar de entender a otra persona en lugar de insistir en que te entiendan.

Por ejemplo:

- ¿Cómo fue criarte en nuestra familia sabiendo que eras LGBTQ+?
- ¿Dónde encontraste consuelo mientras averiguabas tu identidad sexual?
- ¿Cómo podríamos haber respondido mejor cuando saliste del clóset?
- ¿En qué te podemos apoyar ahora?

Para amar bien a su hijo(a,e) y reconciliarse no es necesario tener todas las respuestas ni estar de acuerdo en todo. Sin confianza no hay relación.

*Ofrezcan la misma gracia que nos da Dios.*

Jesús personificó tanto la verdad como la gracia compasiva. Para algunos padres es fácil concentrarse solo en la verdad, pero su hijo(a,e) también necesita de su gracia, llena de misericordia y de perdón por errores grandes y pequeños, como Jesús se las ha concedido a ustedes.

# Reflexión

1. En 1 Pedro 4:8 dice: "Sobre todo, ámense los unos a los otros profundamente, porque el amor cubre multitud de pecados". ¿Cómo pueden demostrarle su amor a su hijo(a,e) en formas que no pueda dejar de ver?

   _____
   _____
   _____
   _____

2. Especialmente si hay un conflicto reciente en su relación con su hijo(a,e) LGBTQ+, este es el momento de buscar conscientemente formas de comunicarle respeto y compasión, en lugar de criticar. ¿De qué formas prácticas le pueden mostrar compasión y respeto a través de sus actos?

   _____
   _____
   _____
   _____

3. Consideren la relación que tienen con su hijo(a,e) LGBTQ+ hoy. ¿Confía en ustedes? Sí o no y, ¿por qué? ¿Qué han hecho para construir o destruir esa confianza, y qué pueden hacer para mejorarla en un futuro próximo?

   _____
   _____
   _____

# Actuar

Den un salto de fe para enmendar la relación con su hijo(a,e), transformando las confrontaciones en conversaciones.

*Lección 9:*
# AMAR INCONDICIONALMENTE

## Introducción

"Ser amado sin ser conocido es reconfortante pero superficial", dice el pastor y autor de bestsellers Tim Keller. "Nuestro mayor temor es que nos conozcan y no nos amen. Pero que nos conozcan perfectamente y nos amen de verdad es, bueno, muy parecido a recibir el amor de Dios. Es lo que más necesitamos. Nos libera de la pretensión, nos da humildad en lugar de nuestro orgullo propio y nos da fuerza para enfrentar cualquier dificultad que venga en la vida".

Todos, incluso su hijo(a,e) LGBTQ+, deseamos profundamente el amor incondicional. Nuestra necesidad de que se nos conozca y se nos ame tal como somos es imperativa para crecer como seguidores de Cristo. Si no se nos conoce de verdad, nos perdemos la oportunidad de tener verdadera intimidad con Dios y con los demás.

Sin embargo, muchos de nosotros nunca sentiremos que verdaderamente nos conocen, porque hay cosas que no queremos compartir. Escondemos aspectos de nosotros en lo profundo de nuestro ser para que nadie los vea ni los juzgue. Su hijo(a,e) LGBTQ+ probablemente sepa esto demasiado bien, y ha sentido la necesidad de esconderse y protegerse en la escuela, el trabajo, la iglesia o incluso en casa.

Pero ahora que su identidad es pública, las preguntas que surgen en todas las interacciones con ustedes es esta: ¿Todavía lo aman? ¿Lo amarán incondicionalmente?

## Principio 9

Sean imitadores de Cristo, amando a su hijo(a,e) y a sus amigos tan incondicionalmente como Jesús nos ama a todos.

## Ponderar

¿Cómo es el amor? El apóstol Pablo escribe, en 1 Corintios 13:4-7: "El amor es paciente, es bondadoso. El amor no es envidioso ni jactancioso ni orgulloso. No se comporta con rudeza, no es egoísta, no se enoja fácilmente, no guarda rencor. El amor no se deleita en la maldad sino que se regocija con la verdad. Todo lo disculpa, todo lo cree, todo lo espera, todo lo soporta".

En psicología, *el amor incondicional* es un estado mental en el cual uno tiene la meta de aumentar el bienestar de otro, con o sin pruebas de un posible beneficio propio.

¿Qué nos exige el amor incondicional como cristianos? En Juan 13:34 Jesús les dice a sus discípulos: "Este mandamiento nuevo les doy: que se amen los unos a los otros. Así como yo los he amado, también ustedes deben amarse los unos a los otros". Cuando Jesús dijo, 'ustedes deben', no era una sugerencia. Sabemos que Jesús sacrificó su propia vida por nosotros, dándonos un ejemplo perfecto de amor completo e incondicional.

El amor incondicional no viene con advertencias ni condiciones. No negocia: "Te amaré si te portas como yo creo que deberías hacerlo". Su amor incondicional por su hijo(a,e) lo acepta y le da la bienvenida tal como es, permitiéndoles ser un puente en lugar de una barrera para que vuelva o crezca en su propia relación con Jesús.

# Reflexión

1. ¿Han conocido a alguien que los amó incondicionalmente? ¿Cómo lo demostraron? ¿Qué sintieron?

2. ¿Hay condiciones, ya sea que las hayan mencionado o no, sobre cómo expresan su amor por su hijo(a,e)? ¿Cuáles son esos límites (barreras) y cómo afectan su relación cotidiana?

3. ¿Qué pueden hacer para tender un puente y mostrarle a su hijo(a,e) LGBTQ+ su amor y el amor de Jesús?

# Actuar

Examinen su corazón para buscar
y eliminar las barreras emocionales
que haya entre ustedes y cómo le
demuestran su amor a su hijo(a,e).

*Lección 10:*
# LA VIDA ESPIRITUAL DE SU HIJO

## Introducción

Descubrir que es LGBTQ+ probablemente puso a prueba la vida espiritual de su hijo(a,e) en formas que nunca antes se había puesto a prueba. Tuvo que volver atrás y cuestionar lo que sabía acerca de Jesús, la Biblia y la Iglesia.

Recuerden que sus hijos tienen preguntas porque han tenido vivencias duras y lastimosas. Muchos hijos LGBTQ+ oyen a gente cristiana decir: "Dios te odia y te vas al infierno" por su atracción al mismo sexo o por su identidad de género distinta a la "normal". Han sido lastimados por la iglesia o por individuos en forma tal que los ha hecho cuestionar su fe.

No cabe duda de que a Satanás nada le agradaría más que ver que su hijo(a,e) le dé la espalda al Dios, que lo creó a su imagen y semejanza, que sabía todo sobre su vida desde antes de su nacimiento. Satanás sabe que si puede hacer que alguien crea que no le importa a Dios, esa persona perderá la esperanza en algún momento. Cuando no hay esperanza, la reemplazan la desesperación y la depresión. Su hijo(a,e) se vuelve vulnerable a la tentación de hacerse daño y al suicidio.

Pero esa sensación desesperanzada de separación es falsa.

## Principio 10

A su hijo(a,e) le hace falta saber que es conocido y querido, no solo por ustedes sino por Dios, y que nada puede cambiar eso.

## Ponderar

En Romanos 8:38-39, Pablo dice: "Pues estoy convencido de que ni la muerte ni la vida, ni los ángeles ni los demonios, ni lo presente ni lo por venir, ni los poderes, ni lo alto ni lo profundo, ni cosa alguna en toda la creación, podrá apartarnos del amor que Dios nos ha manifestado en Cristo Jesús nuestro Señor."

Dios ama a su hijo(a,e) tal como es, igual que Dios los ama a ustedes tal como son. Cuando entienda esto, su hijo(a,e) podrá buscar significado y propósito en una relación personal con Jesús y apreciar sus experiencias de vida como son.

Entonces, ¿qué pueden hacer para ayudar a su hijo(a,e) LGBTQ+ a aferrarse a su fe y crecer en ella? Nuestro amigo y orador Adam Boyle compartió los siguientes consejos útiles con nosotros:

- A veces tenemos que permitir que nuestro hijo(a,e) desglose los elementos de su fe y los vuelva a conectar para que haga suya esta nueva fe.
- Pregunten qué, en lugar de por qué. Preguntar por qué puede poner a su hijo(a,e) a la defensiva. Preguntar qué, como en las preguntas que compartimos en la lección 8, los invita a conversar y a los padres nos ayudan a conocerlos mejor.

- Hagan que la **demostración** de su fe sea mejor que la **explicación** de su fe. Recuerden que no pueden usar la lógica para que alguien llegue a cierto punto después de que han derramado todas sus emociones. Como dice Gálatas 5:6: "lo que vale es la fe que actúa mediante el amor."
- Reconozcan que no controlan la vida interior de su hijo(a,e), y que si es mayor de edad tampoco controlan su estilo de vida. Lo que sí tienen, si se han establecido como personas con quien se pueden sentir seguros, es la capacidad de influir en ellos con sus actos y con su ejemplo.

# Reflexión

1. ¿Cómo pueden cambiar sus conversaciones con su hijo(a,e) LGBTQ+ para hacer más preguntas con 'qué'? ¿Cuáles serían algunas preguntas abiertas, que inviten a la participación y no condicionen la respuesta, que le pueden hacer a su hijo(a,e) para aprender más de su experiencia y empezar una conversación, no una confrontación? Para ver ejemplos, vuelvan a la lista de la Lección 8.

2. Fíjense en su propia vida. ¿Cómo le muestran su fe a su hijo(a,e) activamente?

3. ¿Han hablado con su hijo(a,e) de cómo el ser LGBTQ+ ha afectado su vida espiritual y su relación personal con Jesús? Sí o no y, ¿por qué?

# Actuar

Busquen formas de recordarle a su hijo(a,e) LGBTQ+ que Dios lo ama, que ustedes lo aman y que no está solo.

*Lección 11:*
# CÓMO APRENDER A IDENTIFICARSE

## Introducción

Al enterarse de que su hijo(a,e) es LGBTQ+, algo cambia. Las conversaciones que eran normales hace apenas una semana se pueden volver incómodas. Lo que una vez parecía fácil ahora es difícil porque hay que aprender todo un lenguaje nuevo y entender una nueva perspectiva. Se pueden decir cosas que duelen sin darse cuenta. No es que traten de ser desagradables con la nueva pareja de su hijo(a,e), por ejemplo, pero simplemente no saben qué decir. No saben qué preguntas hacer ni qué palabras son las correctas. Las conversaciones se limitan a lo que llamamos "noticias, deportes y clima", pero un resultado no deseado es que la otra persona se siente que no cuenta o es invisible.

## Principio 11

Aprender a identificarse con su hijo(a,e) o hija en esta nueva etapa de su vida puede parecer incómodo o embarazoso, pero pasar por esto y seguir adelante les ayudará a tener una relación más profunda y significativa.

## Ponderar

Cuando la gente se siente incómoda en una situación, la respuesta más común es ignorar lo que les incomoda. La meta casi nunca es ser cruel intencionalmente. Simplemente no sabemos qué decirles a las personas distintas a nosotros. La verdad es que la mayoría de nosotros nos juntamos con gente muy parecida a nosotros: tienen las mismas creencias, se visten de forma similar, hablan de la misma manera, etc. Esas relaciones son fáciles. Empezar una conversación con alguien que no está en ese círculo parece estar lleno de obstáculos y posibles errores.

Sin embargo, nuestro silencio también es un error porque hace que la otra persona se sienta invisible. Cuando evitamos verdaderas interacciones con nuestro hijo(a,e) LGBTQ+ y sus amigos, los hacemos sentir invisibles.

No entendemos del todo lo que es la compasión hasta que hemos vivido lo que es sentirse invisible y cómo cuando alguien realmente reconoce tu existencia, parece que hubiera llegado un ángel. Dios pensó que esta lección era tan importante que la puso en la Biblia, en el relato del encuentro de Jesús con un hombre mal visto llamado Zaqueo.

En Lucas 19:1-10, Jesús pasaba por Jericó, donde vivía Zaqueo. Era un jefe de los recaudadores de impuestos, que era muy rico, pero probablemente nada popular. Era invisible, a su manera. A estas alturas, ya todos estaban hablando de Jesús, y Zaqueo quería ver quién era este predicador ambulante. Era demasiado bajo para ver por encima de la multitud, así que se adelantó corriendo y se trepó a un árbol para ver mejor.

> *Llegando al lugar, Jesús miró hacia arriba y le dijo, "Zaqueo, baja en seguida. Tengo que quedarme hoy en tu casa". Así que se apresuró a bajar y, muy contento, recibió a Jesús en su casa. Al ver esto, todos empezaron a murmurar: "Ha ido a hospedarse con un pecador". Pero Zaqueo dijo resueltamente: "Mira, Señor: Ahora mismo voy a dar a los pobres la mitad de mis bienes, y si en algo he defraudado a alguien, le devolveré cuatro veces la cantidad que sea". "Hoy ha llegado la salvación a esta casa —le dijo Jesús—, ya que este también es hijo de Abraham. Porque el Hijo del hombre vino a buscar y a salvar lo que se había perdido."*

Como dice nuestro pastor Andrew Stanley, "A la gente que no se parecía nada a Jesús le caía bien Jesús." ¿Se puede decir lo mismo de ustedes como Sus seguidores?

# Reflexión

1. ¿Alguna vez han entrado a una sala en donde se sentían fuera de lugar e incómodos, o solos e invisibles? ¿Qué estaban haciendo los demás para que ustedes se sintieran así?

2. ¿Hay personas que ven a diario que tienen estilos de vida o sistemas de creencias distintos de los suyos? ¿Cómo disminuyen esas brechas en sus conversaciones y relaciones?

3. Observen a las personas que Dios ha traído a su vida. ¿Hay alguien que parece que está luchando con sentirse invisible? ¿Qué les pide Dios que hagan en esta relación?

   ¿Piensan que su hijo(a,e) LGBTQ+ se siente visible y comprendido en su hogar? Sí o no y, ¿por qué? ¿Qué podrían hacer para cambiarlo o para crear un ambiente más seguro y acogedor?

# Actuar

Comprométanse a mantener conversaciones que ayuden a superar estas etapas incómodas con su hijo(a,e) y a llegar a una relación más profunda y significativa.

*Lección 12:*
# PERSEVERANCIA

## Introducción

Su camino con su hijo(a,e) LGBTQ+ a veces se parecerá a correr una carrera, una carrera muy larga para la cual no se anotaron. Además, el camino está plagado de obstáculos. Algunos serán fáciles de superar, y otros los harán tropezar.

Como toda carrera, para participar tienen que estar en forma y preparados. Esto implica que tienen que aprender sobre los obstáculos por venir, mantener una actitud positiva y seguir a pesar del dolor cuando haya partes difíciles en la pista.

No pueden terminar la carrera evitando los obstáculos. Deben superarlos. Deben perseverar. A Dios le ha parecido bien confiarles esta carrera, y Él les ayudará a terminarla.

## Principio 12

Entréguense a su camino, aunque se sientan cansados. Dios los ha traído hasta aquí por un motivo.

# Ponderar

En Santiago 1:12 dice: "Dichoso el que resiste la tentación porque, al salir aprobado, recibirá la corona de la vida que Dios ha prometido a quienes lo aman".

Romanos 5:3-4 nos recuerda: "Y no sólo en esto, sino también en nuestros sufrimientos, porque sabemos que el sufrimiento produce perseverancia; la perseverancia, entereza de carácter; la entereza de carácter, esperanza".

Cuando perseveramos, Dios está con nosotros para apoyarnos y hacer cosas maravillosas por medio de nosotros. Pero Satanás no quiere que lo sepamos. Quiere que nos sintamos derrotados, aislados, exhaustos. En esos momentos nos puede descorazonar e influenciar mejor.

Un atleta no se entrena solo para arreglar un problema. Se entrena para mejorar su destreza en general. Sin obstáculos no podemos desarrollar fuerza ni resistencia. Sin resistencia no podemos desarrollar carácter. Si no desarrollamos nuestro carácter, no encontraremos la esperanza.

En Hebreos 12:1-2, dice: "Por tanto, también nosotros, que estamos rodeados de una multitud tan grande de testigos, despojémonos del lastre que nos estorba, en especial del pecado que nos asedia, y corramos con perseverancia la carrera que tenemos por delante. Fijemos la mirada en Jesús, el iniciador y perfeccionador de nuestra fe".

Recuerden que cuando perseveran, Dios a menudo tiene regalos para ustedes en los lugares menos pensados. Como dice la autora Lysa Terkeust: "¿Y si las peores cosas de tu vida fueran realmente la puerta de entrada a lo mejor que no quisieras que te faltara nunca?"

# Reflexión

1a. ¿Hay algo en la relación con su hijo(a,e) que les resulta desgastante o abrumador en este momento? ¿Qué obstáculos son los que más los tientan a evitarlos?

_____
_____
_____
_____
_____
_____
_____
_____

1b. ¿Cómo sería la perseverancia en esas situaciones específicas?

_____
_____
_____
_____
_____
_____
_____
_____

2. Muchas veces lo que le pedimos a Dios que elimine de nuestra vida es precisamente lo que Él va a usar para atraer tanto a nuestro hijo(a,e) como a nosotros a una relación más profunda con Él. ¿Hay algo o alguien que ustedes le están pidiendo que aleje de su familia?

___

3. Cuando están solos y agotados por este camino, ¿qué mentiras les dice Satanás en voz baja para aislarlos o descorazonarlos?

___

## Actuar

Si se sienten abrumados o agotados, pídanle a Dios que los acompañe en este camino. Con Él, todo es posible.

*Lección 13:*
# CÓMO IDENTIFICAR GENTE PELIGROSA

## Introducción

Han cambiado muchas cosas para la comunidad LGBTQ+ en las últimas décadas, pero nuestra sociedad sigue siendo desconsiderada con quienes son distintos. Hasta los amigos y las familias pueden causar dolor y daño, aunque muchas veces sea sin querer.

Como probablemente lo hayan notado, las fiestas pueden ser un momento especialmente difícil. Los seres queridos se reúnen para festejar y ponerse al día, pero parece que cada comentario sobre la vida puede abrir una caja de Pandora de respuestas, y cada tía y abuelo quiere compartir su opinión, no siempre con gentileza.

Estar preparado para estas charlas y saber cómo poner límites razonables ayudará a protegerlos tanto a ustedes como a su hijo(a,e) LGBTQ+ del daño emocional, y se empieza por entender cómo identificar gente que peligrosa.

## Principio 13

A veces los amigos y las familias tienen la mejor intención, pero igual les causan daño y dolor a su hijo(a,e) y a ustedes. Establezcan límites saludables para proteger a su familia de personas peligrosas.

## Ponderar

Quizá una madre de su estudio bíblico diga algo malintencionado, o un colega haga un chiste a expensas de otro en la fotocopiadora. Puede ser un comentario de crítica que hacen los buenos amigos en una cena o una observación desconsiderada de un vecino mientras trabajan en el jardín. La vida está llena de oportunidades para que la gente considere si se siente segura o no.

Como vimos en las lecciones anteriores, sin confianza no se puede tener una relación profunda o significativa. La falta de confianza es la marca de una persona peligrosa. Ninguna persona que realmente los quiera les va a destrozar el corazón ni a hacerlos sentir inferiores intencionalmente. Como dice Pablo en 1 Corintios 15:33: "No se dejen engañar: 'Las malas compañías corrompen las buenas costumbres'".

¿Cómo es una persona peligrosa? Estas son las diez características que los Dres. Henry Cloud and John Townsend describen en su libro *Safe People*:

- Las personas peligrosas creen que lo tienen todo bajo control en lugar de reconocer sus debilidades.
- Las personas peligrosas son religiosas en lugar de espirituales.
- Las personas peligrosas están a la defensiva en lugar de estar abiertas a la retroalimentación.

- Las personas peligrosas son mojigatas en lugar de humildes.
- Las personas peligrosas solo se disculpan en lugar de cambiar su comportamiento.
- Las personas peligrosas evitan sus problemas en lugar de enfrentarlos.
- Las personas peligrosas exigen que se confíe en ellas en lugar de ganarse la confianza.
- Las personas peligrosas creen que son perfectas en lugar de reconocer sus defectos.
- Las personas peligrosas culpan a otros en lugar de hacerse responsables.
- Las personas peligrosas mienten en lugar de decir la verdad.
- Podemos agregar algunas observaciones sobre las personas peligrosas de la autora y asesora de vida cristiana Debbie Wilson:
- Las personas peligrosas parecen razonables cuando están frente a ustedes, pero los debilitan cuando no están presentes.
- Las personas peligrosas manipulan con culpa y vergüenza.
- Las personas peligrosas los usan siempre que se beneficien de ello.[4]

¿Ya habían oído esta lista? Todos nos topamos con gente que refleja aspectos de esta lista, pero ahora que su familia está en una posición delicada lo notarán más.

Si hay una persona peligrosa en su vida que no está lista para darles amor y apoyo, no es la persona indicada para abrirle su corazón con respecto a su camino con su hijo(a,e) LGBTQ+. Establezcan límites para mantenerse a salvo tanto ustedes como sus seres queridos,

---

4 Debbie Wilson, "12 Traits of Unsafe People," *Debbie W Wilson* (blog), 28 de agosto de 2017. https://debbiewwilson.com/12-traits-of-unsafe-people/

alejándose de la persona peligrosa. Establezcan límites para protegerse. Como dice la autora Debbie McDaniel: "El amor estricto puede decir 'basta'. El amor estricto dice, 'Te quiero, pero también me quiero a mí mismo y no voy a permitir que nos hagas daño ni a mí ni a mis seres queridos'".[5]

Quizá tengan que limitar el tiempo pasan con ciertas personas, y pasar más tiempo forjando nuevas amistades más sanas. Esto puede resultar más fácil con personas que están muy conscientes de que son peligrosas, que les encanta echar leña al fuego y están acostumbradas a cierto nivel de conflicto y relaciones rotas. Otras realmente no tienen idea de que son peligrosas. Tienen buenas intenciones y malos resultados, y sería triste saber que sienten que ustedes no pueden confiar en ellas. Solo ustedes y Dios saben si deben confrontar a esas personas.

---

5  Debbie McDaniel, "How to Protect Yourself from These 10 Toxic People," *Crosswalk*, 3 de septiembre de 2019, https://www.crosswalk.com/faith/women/how-to-protect-yourself-from-these-10-toxic-people.html

# Reflexión

1. ¿Ha habido personas en su vida que mostraron las actitudes o comportamientos arriba mencionados y que era peligroso confiar en ellos? ¿Qué hicieron para darles esa impresión? **¿Qué sintieron?**

2. Cuando estamos buscando personas que pueden ser peligrosas para nuestra familia y nuestro hijo(a,e) LGBTQ+, no podemos excluirnos a nosotros mismos. Si le preguntaran a su hijo(a,e) LGBTQ+ quiénes son las personas con quienes se siente seguro, ¿ustedes estarían en la lista? Sí o no y, ¿por qué?

3. ¿Pueden cambiar comportamientos o actitudes, incluso algunos de los recién enumerados, para ser más seguros para su hijo(a,e)?

___

4. Cuando una persona peligrosa los confronta sobre su hijo(a,e) LGBTQ+, ¿qué pueden hacer para moderar la situación?

___

# Actuar

Si hay personas peligrosas en su vida, actúen para distanciarse de ellas, y así protegerse tanto ustedes como su hijo(a,e) LGBTQ+ del daño emocional.

*Lección 14:*
# CÓMO IDENTIFICAR GENTE SEGURA

## Introducción

Como vimos en la lección 4, Dios nos creó para vivir en comunidad y para apoyarnos mutuamente, especialmente cuando estamos procesando períodos dolorosos de transición y cambio. Al seguir su camino con su hijo(a,e) LGBTQ+, encontrar personas seguras con quienes hablar sigue siendo un aspecto necesario para sanar y crecer.

Sin embargo, muchas personas pasan toda una vida sin alguien con quien compartir quiénes son realmente y los problemas de la vida real. Algo les impide compartir sus dificultades y pensamientos más profundos. Quizá sea el temor a ser juzgadas, a que traicionen su confianza o a que las lastimen. Quizá ustedes hayan vivido esto. Trataron de encontrar una persona segura, pero sufrieron en el proceso. Ahora temen, con razón, confiar en otra persona.

Esta no es la intención de Dios. Como dice el apóstol Pablo en Gálatas 6:2: "Ayúdense unos a otros a llevar sus cargas, y así cumplirán la ley de Cristo".

## Principio 14

No debemos llevar nuestras cargas solos. Busquen personas seguras en su vida, amigos que los alienten y apoyen sin criticarlos.

## Ponderar

Hay personas peligrosas, pero también hay personas seguras. En Mateo 18:20, Jesús dijo: "Porque donde dos o tres se reúnen en mi nombre, allí estoy yo en medio de ellos".

Satanás sabe cuánto poder nos da vivir en comunidad y relacionarnos unos con otros. Irá muy lejos para evitar que nos amemos unos a otros o vivamos el plan de Dios para nosotros de tener ese tipo de apoyo.

Sucede algo especial que los inspira al encontrar a una persona segura. Puede ser su cónyuge, un viejo amigo, alguien de su grupo de estudio bíblico, un nuevo vecino, su pastor, un compañero de trabajo o de voluntariado, o un pariente.

Las personas seguras son honestas y dignas de confianza. Al hablarles, los miran a la cara y escuchan lo que dicen con atención. También son sensibles a lo que *no* se dice y hacen preguntas para ayudarles a descubrir sus sentimientos. Les advierten si observan que van en una dirección que les hará daño, pero siempre los tratan de igual a igual. Un amigo seguro o un ser querido será paciente con ustedes, humilde y vulnerable en cuanto a su propia vida. Los alentará en aquellas cosas que les ayudarán a crecer en la fe y a ser las personas que Dios ve en ustedes. Les dirán la verdad en amor y llorarán con ustedes cuando sufran. Ustedes sabrán que la persona es segura cuando pueden hablar sin reservas y actuar sin inhibiciones, sabiendo que esta persona les ayudará a sacar lo mejor de ustedes.

# Reflexión

1. ¿Quiénes son las personas seguras de su vida? ¿Hay personas con las que se sienten lo suficientemente cómodos como para buscarlos y contarles todo lo que les pasa? ¿Cómo demuestran las características que compartimos arriba?

_____
_____
_____
_____
_____
_____

2. ¿Hay aspectos de su situación familiar que los hacen sentirse aislados de aquellos que han sido seguros en el pasado? ¿Qué piensan que está creando esa barrera?

_____
_____
_____
_____
_____
_____
_____
_____

3. ¿Hay personas en su vida que los consideran a ustedes personas seguras que pueden llevar sus cargas como dice Gálatas 6? Cuando interactúan con ellos, ¿qué hace que su relación se sienta segura?

4. ¿Qué paso pueden dar para pasar del aislamiento a la comunidad?

## Actuar

Deténganse a pensar en sus amigos y seres queridos con los filtros de una "persona segura" como los describimos en este capítulo. Busquen más personas seguras con quienes compartir su trayecto.

# PARTE III:
## *El triunfo*

*Lección 15:*
# PARA ESTO FUERON CREADOS

## Introducción

A veces estarán tentados a preguntarle a Dios: "¿Cómo pasó esto? Somos padres cristianos. Criamos a nuestros hijos en la iglesia y tratamos de enseñarles a discernir entre el bien del mal. ¿Por qué permitiste que esto le sucediera a nuestra familia?" La verdad es que no fue ningún accidente cósmico que a Dios le haya parecido bien confiarles un hijo(a,e) LGBTQ+. Como vimos en la lección 3, el Salmo 139:13-16 dice: "Tú creaste mis entrañas; me formaste en el vientre de mi madre. ¡Te alabo porque soy una creación admirable! ¡Tus obras son maravillosas, y esto lo sé muy bien! Mis huesos no te fueron desconocidos cuando en lo más recóndito era yo formado, cuando en lo más profundo de la tierra era yo entretejido. Tus ojos vieron mi cuerpo en gestación: todo estaba ya escrito en tu libro; todos mis días se estaban diseñando, aunque no existía uno solo de ellos".

## Principio 15

No huyan de lo que Dios les confió. Dios los seleccionó a ustedes para ser los padres de su hijo(a,e) LGBTQ+.

## Ponderar

Con toda seguridad, Dios sabía lo que iba a pasar en esta etapa de su vida antes de que naciera su hijo(a,e) LGBTQ+ y los ha estado preparando para esto toda su vida. Según la Biblia, antes de que nacieran ustedes Él sabía que les iba a dar un asiento en la primera fila para que lo vieran obrar en y a través de su hijo(a,e) LGBTQ+.

En Mateo 10:29-31, Jesús les dice a sus discípulos: "¿No se venden dos gorriones por una monedita? Sin embargo, ni uno de ellos caerá a tierra sin que lo permita el Padre; y él les tiene contados a ustedes aun los cabellos de la cabeza. Así que no tengan miedo; ustedes valen más que muchos gorriones."

Ustedes tienen el mismo Dios que contó cada cabello de la cabeza de su hijo(a,e). En promedio, cada persona tiene cien mil cabellos. Hagan la cuenta. Hay aproximadamente 7,700 millones de habitantes en el mundo. Por lo tanto, Dios conoce la situación de aproximadamente 7,762,000,000,000,000 cabellos. El mismo Dios que creó el universo y todo lo que hay en él sigue prestando atención a los más mínimos detalles. Eso debe hacerlos pensar. Cuando se despiertan a la mañana y ven cabellos en la almohada, es fascinante pensar que Dios está llevando la cuenta de cada uno. ¡Qué atención al detalle!

El mismo Dios que se preocupa por cada gorrión y por cada cabello tiene un plan para cada detalle de su creación. Filipenses 1:6 dice: "Estoy convencido de esto: el que comenzó tan buena obra en ustedes la irá perfeccionando hasta el día de Cristo Jesús". Piensen en eso, y recuerden que Dios los creó a ustedes, los padres, para esto.

# Reflexión

1. ¿En qué piensan cuando leen en la Biblia que Dios le presta atención a cada detalle de nuestra vida, incluso cada uno de nuestros cabellos? ¿Piensan que Dios se sorprendió cuando su hijo(a,e) se declaró LGBTQ+?

___

2. ¿Creen que Dios los eligió específicamente a ustedes para ser los padres de su hijo(a,e)? ¿Qué significa eso para ustedes? ¿Cambia su percepción saber que es LGBTQ+?

___

3. ¿Alguna vez le han preguntado a Dios por qué permitió que sucediera algo tan difícil en su vida? ¿Creen que han recibido una respuesta? ¿Qué respuesta recibieron?

___

## Actuar

Ahora que entienden que Dios los creó para este papel como padres de su hijo(a,e) amado, busquen nuevas formas de alentar a su hijo(a,e) esta semana.

*Lección 16:*
# DESCUBRIR UN NUEVO PROPÓSITO

## Introducción

¿Alguna vez se han preguntado si todo este dolor que han vivido y el trabajo duro que han hecho por su familia tienen algún propósito? ¿El sufrimiento que han vivido con su hijo(a,e) LGBTQ+ ha sido en vano?

Si se sienten así, no son los únicos. Todos anhelamos saber que Dios usará las situaciones que vivimos para bien. Todos necesitamos saber que nuestro dolor no es ni inútil ni cruel, y Pablo sabía de lo que estaba hablando cuando dijo, en Romanos 8:28: "Ahora bien, sabemos que Dios dispone todas las cosas para el bien de quienes lo aman, los que han sido llamados de acuerdo con su propósito".

## Principio 16

El dolor que han vivido ustedes y su familia no será en vano. Manténganse alerta a lo que Dios les revelará sobre Su plan y propósito para ustedes en este proceso.

## Ponderar

El dolor y el sufrimiento son un aspecto inevitable de la vida. 1 Pedro 5:10 lo confirma: "Y después de que ustedes hayan sufrido un poco de tiempo, Dios mismo, el Dios de toda gracia que los llamó a su gloria eterna en Cristo, los restaurará y los hará fuertes, firmes y estables".

El sufrimiento nos recuerda que debemos hacer una pausa en nuestra vida diaria normal y buscar lo que Dios nos quiere mostrar. Como dice el pastor Rick Warren, "El plan de Dios no es un mapa de su vida que van a ver todo al mismo tiempo, sino un pergamino que se desenrolla poco a poco".

Sabemos que Dios es bueno, no cruel. El Salmo 34:8 dice: "Prueben y vean que el Señor es bueno; dichosos los que en él se refugian". Posiblemente tarden en descubrir Su propósito para las partes difíciles o incómodas de la vida, pero en el momento adecuado Él les revelará algo que ustedes todavía no saben. ¿Lo aceptarán o lo resistirán? Quizá el sufrimiento esté fuera de nuestro control, pero sí podemos decidir cómo responder. Su decisión determinará por cuánto tiempo tendrá que soportar el dolor.

La palabra *propósito* significa la razón por la cual se hace o se usa algo. Para encontrar el propósito de su dolor al tener un hijo(a,e) LGBTQ+, pasen tiempo con Jesús y en los Evangelios. Pregúntenle qué quiere que ustedes aprendan como padres con esta experiencia. Puede ser algo físico, espiritual o de relaciones personales. Les puede mostrar que ciertas partes de su vida necesitan atención. Los puede llamar a ayudar a otros que están comenzando el camino de tener un hijo(a,e) LGBTQ+.

# Reflexión

1. ¿Realmente creen que Dios es bueno y que siempre tiene un propósito en el dolor que permite que sufran? ¿Han tenido experiencias en la vida que les haya hecho que lo cuestionen? ¿Qué pasó?

_____
_____
_____
_____

2. ¿Dios les ha revelado algo nuevo en el proceso de aprender a ser padres de un hijo(a,e) LGBTQ+? ¿Les ha puesto nuevas cargas Dios en su corazón por las experiencias de su familia? Si es así, ¿cómo los han cambiado?

_____
_____
_____
_____

3. ¿Qué propósitos cree que Dios tiene al darles un hijo(a,e) LGBTQ+?

_____
_____
_____
_____

# Actuar

Pídanle a Dios que les hable y les abra los ojos a las razones por las que los ha puesto donde están.

*Lección 17:*
# AMAR A SU HIJO Y SU COMUNIDAD

## Introducción

Cuando su relación con su hijo(a,e) LGBTQ+ empiece a sanar y a transformarse en algo nuevo, enfrentarán nuevos desafíos. Quizá se sientan incómodos con los amigos y la comunidad de su hijo(a,e), y pueden sentirse extraños al saber cómo ingresar en ese mundo. La tentación de vivir como siempre lo han hecho, rodeados de gente que luce y actúa como ustedes, puede ser muy grande. Pero evitar lo que los incomoda a ustedes, aísla a su hijo(a,e), lo deja desconectado, y limita la influencia que pueden tener en él hijo(a,e) y en los amigos que tiene.

## Principio 17

No teman establecer una relación con personas de la comunidad LGBTQ+ que lucen y actúan diferente a ustedes. Como dijo la Madre Teresa: "Si juzgas a los demás, no tienes tiempo para amarlos".

## Ponderar

Dios los ha llamado a entrar a un mundo al que probablemente nunca hubieran pensado entrar por su cuenta. Puede dar miedo y ser incómodo, pero es parte de Su plan.

Dios ablanda nuestros corazones cuando empezamos a conocer a los amigos de nuestros hijos LGBTQ+ como personas en lugar de etiquetas. Cuando escuchamos a alguien contar la historia completa de su vida, empezamos a verlos como los ve Jesús: no como objetos ni estereotipos ni nada desagradable, sino como personas normales, heridas y hermosas, creadas a imagen y semejanza de Dios. Cuando pueden llorar, abrazar y realmente escuchar lo que alguien dice de corazón, Dios les puede mostrar algo nuevo sobre ustedes mismos y Su creación. En Colosenses 1:16 dice: "Porque por medio de él fueron creadas todas las cosas en el cielo y en la tierra, visibles e invisibles, sean tronos, poderes, principados o autoridades: todo ha sido creado por medio de él y para él". Dios puede sanar la relación que tienen con su hijo(a,e), que se sentirá amado cuando ustedes muestren un interés genuino por sus amigos y su vida. Y Dios puede usar su compasión y sus corazones abiertos para tocar a su hijo(a,e) LGBTQ+ y a otras personas de esa comunidad, que frecuentemente han sido lastimadas por cristianos.

Para empezar, consideren pedirle a su hijo(a,e) que invite a uno o dos amigos a la casa o a salir a cenar. Traten de conocerlos como personas. ¿Dónde se criaron? ¿Cuántos hermanos tienen? ¿A qué escuela fueron? ¿Fueron o van a la iglesia? ¿Qué quieren hacer con su carrera? ¿Cuál es su comida favorita?

Mostrar un interés verdadero en ellos como personas, hará maravillas por sus relaciones y ustedes aprenderán muchísimo. Conforme crezcan estas relaciones, se abrirán puertas para que ustedes aprendan más de las experiencias de ellos, como:

- ¿Cuándo te diste cuenta de que eras LGBTQ+?
- ¿Cómo reaccionó tu familia a esa noticia?
- ¿Tu empleador te acepta o te afirma?
- ¿Has encontrado una iglesia en donde te sientes seguro?
- ¿Cómo puedo orar por ti?

Amen a cada persona que se les cruce por el camino de la misma manera que Jesús los ama a ustedes. Sí, a veces serán malinterpretados, pero eso les pasa a muchos. Al leer los Evangelios, verán que a Jesús lo malinterpretaban constantemente los líderes religiosos, los fariseos, los parias, los legalistas, y en este relato de Juan 13, hasta sus propios discípulos:

> Se acercaba la fiesta de la Pascua. Jesús sabía que le había llegado la hora de abandonar este mundo para volver al Padre. Y habiendo amado a los suyos que estaban en el mundo, los amó hasta el fin. [...] Así que se levantó de la mesa, se quitó el manto y se ató una toalla a la cintura. Luego echó agua en un recipiente y comenzó a lavarles los pies a sus discípulos y a secárselos con la toalla que llevaba a la cintura. Cuando llegó a Simón Pedro, éste le dijo: "¿Y tú, Señor, me vas a lavar los pies a mí?" "Ahora no entiendes lo que estoy haciendo" le respondió Jesús, "pero lo entenderás más tarde". "¡No!" protestó Pedro. "¡Jamás me lavarás los pies!" "Si no te los lavo, no tendrás parte conmigo". "Entonces, Señor, ¡no sólo los pies sino también las manos y la cabeza!" "El que ya se ha bañado no necesita lavarse más que los pies" le contestó Jesús; "pues ya todo su cuerpo está limpio. Y ustedes ya están limpios, aunque no todos".

Los discípulos eran las personas más allegadas a Jesús. Habían oído sus enseñanzas sobre el amor y el sacrificio por años. Lo habían visto servir a los pobres y a los enfermos, y también a los ricos y los líderes religiosos. Sin embargo, cuando Pedro se enfrentó a la generosidad de Jesús, no entendió. Eso no cambió las acciones ni el amor del Salvador, como explicó empezando en el versículo 12:

> *"Cuando terminó de lavarles los pies, se puso el manto y volvió a su lugar. Entonces les dijo: '¿Entienden lo que he hecho con ustedes? Ustedes me llaman Maestro y Señor, y dicen bien, porque lo soy. Pues si yo, el Señor y el Maestro, les he lavado los pies, también ustedes deben lavarse los pies los unos a los otros. Les he puesto el ejemplo, para que hagan lo mismo que yo he hecho con ustedes. Ciertamente les aseguro que ningún siervo es más que su amo, y ningún mensajero es más que el que lo envió. ¿Entienden esto? Dichosos serán si lo ponen en práctica'".*

# Reflexión

1. ¿Qué tan bien piensan que conocen a los amigos LGBTQ+ de su hijo(a,e)? ¿Qué han hecho para construir puentes en esas relaciones?

2. ¿De qué maneras pueden conectarse genuinamente con los amigos y la comunidad LGBTQ+ de su hijo(a,e)?

3. ¿Su hijo(a,e) LGBTQ+ es parte de una comunidad que está fuera de la zona de confort de ustedes? ¿Qué los incomoda de los amigos de su hijo(a,e)?

## Actuar

Si quieren saber más sobre cómo entrenar a un equipo de fútbol juvenil, no pueden quedarse en el taller de automóviles local. Salgan de su zona de confort esta semana, interactúen con los amigos LGBTQ+ de su hijo(a,e) y busquen las formas en las que los usará Dios.

*Lección 18:*
# ESTAR AGRADECIDO

## Introducción

"Estén siempre alegres, oren sin cesar, den gracias a Dios en toda situación, porque esta es su voluntad para ustedes en Cristo Jesús". ¿Alguna vez les ha parecido que es demasiado pedir lo que dice esta cita de 1 Tesalonicenses 5:16 a 18? Quizá estén listos para aceptar que Dios los ha elegido a ustedes y su familia para este trayecto, y que Él tiene un plan perfecto para esta situación. Pero sentirse agradecido va más allá.

¿Están listos para darle gracias a Dios por su hijo(a,e) LGBTQ+?

Este aspecto de la gratitud siempre nos hace acordar a un relato que Corrie ten Boom compartió en su libro *The Hiding Place*, donde describe sus experiencias en la Segunda Guerra Mundial, que incluyen su encarcelamiento en el campo de concentración nazi Ravensbruck. Corrie y su hermana Betsie vivieron en una barraca atascada de gente e infestada de pulgas, y fueron forzadas a trabajar como esclavas. Su único consuelo era una Biblia que habían podido pasar de contrabando, en contra de todas las normas. Si las descubrían el castigo sería horrendo, pero valía la pena por la esperanza y fortaleza que les inspiraban las Escrituras y que compartieron con sus compañeras de prisión.

Un día llegaron al pasaje de 1 Tesalonicenses sobre dar gracias a Dios por todo. Betsie le dijo a Corrie que tenían que dar gracias por las pulgas. Corrie estaba fuera de quicio. Sí, la Biblia dice que Dios usa todo para bien, ¡pero ella **no** le daría gracias a Dios por las pulgas! Su hermana le insistió, y al fin Corrie se rindió y oró, dando gracias a Dios por las pulgas. Se resistió, pero decidió dar gracias.

Mientras tanto, las mujeres de su barraca siguieron encontrando consuelo en los estudios bíblicos y las reuniones de oración. Muchas mujeres recibieron a Cristo como su Salvador, a pesar del riesgo de los guardias, que golpeaban, violaban y cosas peores a las prisioneras que infringían normas mucho menos importantes. Pero nunca descubrieron a Corrie y a Betsie. Después de varios meses, se dieron cuenta de que los guardias nazis nunca entraban a su barraca. Betsie oyó una conversación entre algunas prisioneras de su barraca que estaban confundidas con respecto a una orden. Llamaron a su supervisor nazi para que resolviera la disputa, pero el guardia se rehusó a entrar. "¡Este lugar está apestado de pulgas!"

Las pulgas por las cuales Betsie insistió que agradecieran a Dios estaban protegiendo su Biblia y probablemente su vida.

## Principio 18

Pueden agradecer a Dios por las situaciones de su vida, aun cuando las cosas estén difíciles.

## Ponderar

La gratitud es una decisión, y decidir estar agradecido en toda situación, incluso por tener un hijo(a,e) LGBTQ+ en la familia, afectará su perspectiva de vida. ¡Y la perspectiva lo es todo! Una perspectiva saludable facilita levantarse en la mañana. Determina si ustedes se ven como víctimas o como personas a las que se les ha dado una oportunidad. Les permite ver las situaciones como bendiciones, no maldiciones.

Por lo tanto, cuando lleguen momentos difíciles en su relación con su hijo(a,e), o cuando se enfrenten a situaciones dolorosas con personas peligrosas, recuerden que pueden decidir dar gracias. Deténganse, y piensen en todo lo bueno que Dios ha hecho en su vida a través de su hijo(a,e) y las nuevas experiencias y perspectivas que les ha brindado. Agradezcan a Dios por la fortaleza y la belleza que Él ha creado en esta persona única que le ha confiado a su familia.

Es fácil concentrarse en los aspectos difíciles de una relación, pero esta etapa difícil es solo una parte pequeña de sus vidas como padres y como hijos de Dios. Hay muchas cosas que agradecer.

# Reflexión

1. Piensen en su familia. ¿Por qué están agradecidos?

2. ¿Ha habido momentos en su vida con su hijo(a,e) LGBTQ+ que han parecido especialmente dolorosos o temibles? ¿Cómo sintieron la presencia de Dios en esas situaciones, y como usó Dios esas dificultades para moldearlos a ustedes y a su hijo(a,e)?

3. Cuando consideran lo que ha pasado su familia, y lo que todavía está pasando, ¿en qué ven la obra de Dios? ¿Cuáles son los principales momentos decisivos y como los bendijo Dios en esos momentos?

## Actuar

Agradezcan a Dios por todo lo que Él les ha brindado, incluso lo que pensaban que no deseaban.

*Lección 19:*
# AYUDAR A OTROS A ACEPTAR SU CAMINO

## Introducción

Como hemos visto, las pruebas no se pueden evitar. Santiago nos recuerda que todos pasaremos por momentos difíciles que nos ayudan a madurar como cristianos. "Hermanos míos, considérense muy dichosos cuando tengan que enfrentarse con diversas pruebas, pues ya saben que la prueba de su fe produce constancia. Y la constancia debe llevar a feliz término la obra, para que sean perfectos e íntegros, sin que les falte nada". (Santiago 1:2-4)

Pero saberlo no es lo mismo que vivirlo día tras día. Si son como la mayoría de los padres, a veces estarán cansados de perseverar. Posiblemente acepten que Dios los eligió para esta función, pero de todas maneras desean ver que salga algo positivo de su situación y saber que su dolor va a crear la diferencia.

Eso es normal, y hay una solución para su cansancio: ayudar a otros que están en situaciones similares.

Recuerden que Dios nos diseñó para que nos cuidemos los unos a los otros, para amarnos mutuamente, y para llevar los unos las cargas de los otros. 2 Corintios 1:3-5 nos recuerda: "Alabado sea el Dios y Padre de nuestro Señor Jesucristo, Padre misericordioso y Dios de toda consolación, quien nos consuela en todas nuestras tribulaciones **para que con el mismo consuelo que de Dios hemos recibido, también nosotros podamos consolar a todos los que sufren**".

Una parte esencial del proceso de sanación sucede cuando dejan de concentrar su atención en sí mismos Su comunidad los rodeó cuando ustedes la necesitaban y ahora les toca a ustedes.

## Principio 19

Ofrezcan la luz de la esperanza que Dios les ha dado a los que Dios trae a su camino y que también están pasando por momentos difíciles.

## Ponderar

Tal vez ya sepan, en teoría, que dejar de pensar en ustedes y ayudar a otros les da vida. La ciencia confirma que ayudar a otros hace que su cerebro emita oxitocina, serotonina y dopamina. Estas hormonas mejoran el humor y contrarrestan el estrés. Dios nos hizo de tal manera que cuando ayudamos a otros, nosotros también nos beneficiamos.

No importa cuánto tiempo hayan estado acompañando a su hijo(a,e) LGBTQ+. Probablemente haya alguien cerca de usted que aún no haya avanzado tanto y necesite el bálsamo sanador de la esperanza que usted ofrece

Si están leyendo esto como parte de un grupo pequeño, tal vez ya lo hayan sentido. Algunos de ustedes que están leyendo este libro por su cuenta pueden pensar que no conocen a ningún padre de hijos LGBTQ+ ni a nadie conectado con la comunidad LGBTQ+. Sin embargo, les puede parecer sorprendente que según un estudio que Gallup hizo en 2017, el 4.5 por ciento de las personas mayores de edad en los Estados Unidos son LGBTQ+[6], y esa cifra se considera un cálculo conservador. Desde entonces, Marin Foundation reveló que el 86 por ciento de los individuos LGBTQ+ se criaron en una comunidad de fe[7], lo cual significa que es posible que hasta el 4% (86% de 4.5) de las personas criadas en la iglesia sean LGBTQ+, lo cual nos hace pensar que hasta el 8 por ciento (suponiendo que cada hijo(a,e) tiene dos padres) de los padres de su iglesia posiblemente tengan hijo(a,e)s LGBT Q+. Si sumamos a los abuelos, tíos y otros seres queridos, hay muchas personas que están pasando lo mismo que ustedes, lo reconozcan en la escuela dominical o no.

¿Qué pueden hacer ustedes por ellos? Hay varias formas de ayudar a las familias LGBTQ+ de su iglesia o comunidad que están pasando por las mismas dificultades que ustedes.

*Compartan su experiencia.*

Lo más importante que pueden hacer es compartir su experiencia. Las familias tienen que saber que no están solas, y eso pasa cuando

---

6   Frank Newport, "In U.S., Estimate of LGBT Population Rises to 4.5%," *Politics, Gallup News*, Gallup, mayo 22, 2018, https://news.gallup.com/poll/234863/estimate-lgbt-population-rises.aspx

7   Andrew Marin, *Us versus Us: The Untold Story of Religion and the LGBT Community* (NavPress, 2016), 4.

oyen historias que les dan esperanza de lo que otros pasaron, especialmente de familias cristianas con integrantes LGBT Q+. Necesitan oír como Dios hace algo hermoso con tanto desorden. El ánimo que reciben de ustedes puede ser lo que ayude a otra madre o padre que lucha con el temor, a levantarse la mañana siguiente y seguir adelante.

*Oren.*

Los padres tienen que saber que otros se preocupan lo suficiente por ellos para orar por ellos y con ellos.

*Empiecen un grupo de apoyo para padres.*

Ayudar a otros padres a entender que no están solos da vida. Si su iglesia no tiene un grupo de apoyo para padres con hijos LGBTQ+, consideren pedirle a su pastor que los ayude a empezar uno.

Si organizar un grupo va más allá de su zona de confort, pídanle a su pastor que se ponga en contacto con *Embracing the Journey*. Nos alegraría ayudar a su iglesia a organizar un programa para familias que sufren en su congregación y comunidad.

Si a su iglesia no le interesa y no tienen un grupo de apoyo en su comunidad, pídanle a su pastor que los conecte personalmente con otras familias de su iglesia que tengan seres queridos LGBTQ+. Sería un honor para nosotros que se unan a uno de los grupos virtuales de apoyo para padres que tenemos. Vayan a www.embracingthejourney.org para obtener más información.

# Reflexión

1. ¿En algún momento les alentó que otro se acercara a ustedes en este camino con su hijo(a,e) LGBTQ+? ¿Qué hicieron y cómo cambió su perspectiva?

2. ¿Conocen a otros padres de hijo(a,e)s LGBTQ+ que quizás necesiten apoyo? ¿Qué les pueden ofrecer para darles más esperanza en el camino?

3. ¿Les sorprende pensar que es posible que el 8% de los padres de su iglesia tengan hijos LGBTQ+? Sí o no y, ¿por qué?

4. ¿Se sentirían cómodos hablando con su pastor para organizar un grupo de apoyo en su iglesia para padres con hijos LGBTQ+, si todavía no tienen uno? ¿Por qué? ¿Estarían dispuestos a ser líderes o colíderes de un grupo?

_____
_____
_____
_____
_____
_____

5. Si en este momento su iglesia no está dispuesta a empezar un grupo de apoyo, ¿estarían dispuestos a organizar un grupo en su casa?

_____
_____
_____
_____
_____
_____
_____
_____
_____
_____

# Actuar

Dejen de pensar en sí mismos y den generosamente a los que tienen necesidad.

*Lección 20:*
# EL SECRETO DE LA PAZ Y LA SATISFACCIÓN

## Introducción

Probablemente la satisfacción alguna vez les pareció difícil o hasta imposible de lograr. Quizás ustedes, como la mayoría, antes creían que la satisfacción dependía de sus circunstancias en cierto momento, de lo que otros pensaban de ustedes, de cómo los trataban, de las apariencias. Pero después de una prueba difícil como la que hemos pasado juntos, las cosas se ven desde otra perspectiva. Las cosas pequeñas de la vida que antes daban por sentado ahora les dan paz y satisfacción.

Su experiencia como padres de un hijo(a,e) LGBTQ+ en algún momento los llevará a cambiar su propia perspectiva, yendo más allá de ustedes mismos y los desafíos de la vida diaria hacia la eternidad. Lo que alguna vez parecía una pesadilla se transforma en un regalo de Dios, y las palabras de Juan 16:33 les llegarán al corazón: "Yo les he dicho estas cosas para que en mí hallen paz. En este mundo afrontarán aflicciones, pero ¡anímense! Yo he vencido al mundo".

## Principio 20

Queridos amigos, ustedes han pasado por muchas pruebas. No se pierdan el regalo de paz que Dios les quiere dar.

## Ponderar

El secreto de la satisfacción es sencillo: "Confía en el Señor de todo corazón, y no en tu propia inteligencia. Reconócelo en todos tus caminos, y él allanará tus sendas". (Proverbios 3:5-6)

Y este: "Alégrense siempre en el Señor. Insisto: ¡Alégrense! Que su amabilidad sea evidente a todos. El Señor está cerca. No se inquieten por nada; más bien, en toda ocasión, con oración y ruego, presenten sus peticiones a Dios y denle gracias. Y la paz de Dios, que sobrepasa todo entendimiento, cuidará sus corazones y sus pensamientos en Cristo Jesús". (Filipenses 4:4-7)

La paz y la satisfacción vienen de estar bien con Dios, de encontrar fuerza en Él, y de saber que Él tiene el control de todo, incluso cuando las circunstancias de la vida son difíciles. Tal vez Él no cumpla con la voluntad y el cronograma de ustedes, y no tengan esa paz tan pronto como la quisieran. Pero la Biblia promete una y otra vez que no importa cuál sea la situación, la paz es posible.

"No digo esto porque esté necesitado, pues **he aprendido a estar satisfecho en cualquier situación en que me encuentre** [énfasis nuestro]. Sé lo que es vivir en la pobreza, y lo que es vivir en la abundancia. He aprendido a vivir en todas y cada una de las circunstancias, tanto a quedar saciado como a pasar hambre, a tener de sobra como a sufrir escasez. Todo lo puedo en Cristo que me fortalece". (Filipenses 4:11-13)

Dios les dio una familia que Él diseñó, y los bendecirá con ella.

# Reflexión

1. ¿En algún momento han sentido la paz y el regocijo de Dios? ¿Pueden describirlo?

2. ¿Tienen dudas, dolores o preguntas que les impidan sentir paz y regocijo en su familia?

3. ¿Qué es lo que más esperanza les da con respecto al futuro de su familia?

# Actuar

Confíenle sus vidas a Dios, también su vida familiar, y tendrán paz y regocijo.

*Lección 21:*
# SE CIERRA EL CÍRCULO

## Introducción

¡Felicitaciones! Buen trabajo. Haber llegado a la lección 21 es todo un logro. Han trabajado duro con los 20 principios anteriores, diseñados para ayudarles en el camino con su hijo(a,e) LGBTQ+.

Pero les tenemos que decir algo importante: todavía no han terminado.

Como tantas cosas en la vida, esto no es algo que se hace una vez y ya. Sí, muchas de las lecciones que han aprendido con este estudio estaban preparadas como un proceso lineal, para que pasaran por el proceso completo empezando con el temor, pasando a sobrevivir y luego a triunfar. Sin embargo, sabemos que los procesos emocionales, como el duelo, muchas veces son circulares. Eso que ustedes pensaban que habían superado puede volver a surgir y posiblemente vuelvan a considerar preguntas y sentimientos conforme vaya creciendo y cambiando su familia. Es completamente normal. Aceptar este camino es un maratón, no una carrera corta.

# Principio 21

Vuelvan a examinar su corazón regularmente para identificar las áreas que no hayan sanado por completo y puedan necesitar más atención. La vida es dinámica y cambia constantemente y ustedes también cambian.

## Ponderar

Muchas veces antes de partir en un largo viaje hacemos una lista de control para asegurarnos de tener todo lo que necesitamos para un viaje seguro y agradable. Cuando nos preparamos para un viaje largo en auto tal vez hagamos lo siguiente:

- Cambiar el aceite del automóvil de la familia.
- Revisar las llantas y los frenos.
- Llevar refrigerios y bebidas para el camino.
- Llevar distintos tipos de vestimenta, electrónicos, bronceadores, etc.

En esta lección final, es hora de que ustedes preparan su propia lista de control. Es momento de marcar los principios e identificar con cuáles se sienten bien y en cuáles deben mejorar. Para los principios que consideran que han cumplido, marquen el casillero de la columna "Sí". Para los que todavía le haría bien seguir considerando, marque el casillero de la columna "inconcluso". No deje de repasar esas lecciones.

Sí  Trabajo en Curso

☐ ☐ **Principio 1:** Cuanto más demoren este camino con su hijo(a,e) LGBTQ+, más prolongarán su propio dolor y el de su hijo(a,e).

☐ ☐ **Principio 2:** El duelo es un proceso natural y saludable por el que tienen que pasar para poder avanzar en su camino.

☐ ☐ **Principio 3:** Lo que le pedimos a Dios que elimine de la vida de nuestro posiblemente sea exactamente lo que Dios va a usar para atraer tanto a nuestro hijo(a,e) como a nosotros a una relación más profunda con Él.

☐ ☐ **Principio 4:** Tratar de mantener secreto un cambio importante en la vida dificulta más el impacto emocional.

☐ ☐ **Principio 5:** Su propósito divino está detrás de todo lo que pasa. Aunque nosotros quizá no entendamos por qué pasan ciertas cosas, Dios sí lo entiende. Su propósito divino está detrás de todo lo que pasa.

☐ ☐ **Principio 6:** Pueden amar a su hijo(a,e) LGBTQ+ no a pesar de su fe, sino debido a su fe.

☐ ☐ **Principio 7:** Muchas de las cosas que Dios valora son exactamente lo opuesto de lo que se nos dijo que valoremos. Mantenga la vista fija en Dios.

☐ ☐ **Principio 8:** Restaurar la relación con su hijo(a,e) es un paso esencial para llegar a la sanación y para crear un espacio seguro para que su familia crezca.

☐ ☐ **Principio 9:** Sean imitadores de Cristo, amando a su hijo(a,e) y a sus amigos tan incondicionalmente como Jesús nos ama a todos.

☐ ☐ **Principio 10:** A su hijo(a,e) le hace falta saber que es conocido y querido, no solo por ustedes sino por Dios, y que nada puede cambiar eso.

☐ ☐ **Principio 11:** Aprender a identificarse con su hijo(a,e) o hija en esta nueva etapa de su vida puede parecer incómodo o embarazoso, pero pasar por esto y seguir adelante les ayudará a tener una relación más profunda y significativa.

☐ ☐ **Principio 12:** Entréguense a su camino aunque se sientan cansados. Dios los ha traído hasta aquí por un motivo.

☐ ☐ **Principio 13:** A veces los amigos y las familias tienen la mejor intención, pero igual les causan daño y dolor a su hijo(a,e) y a ustedes. Establezcan límites saludables para proteger a su familia de personas peligrosas.

☐ ☐ **Principio 14:** No debemos llevar nuestras cargas solos. Busquen personas seguras en su vida, amigos que los alienten y apoyen sin criticarlos.

☐ ☐ **Principio 15:** No huyan de lo que Dios les confió. Dios los seleccionó a ustedes para ser los padres de su hijo(a,e) LGBTQ+.

☐ ☐ **Principio 16:** El dolor que han vivido ustedes y su familia no será en vano. Manténganse alerta a lo que Dios les revelará sobre Su plan y propósito para ustedes en este proceso.

☐ ☐ **Principio 17:** No teman establecer una relación con personas de la comunidad LGBTQ+ que lucen y actúan diferente a ustedes.

☐ ☐ **Principio 18:** Pueden agradecer a Dios por las situaciones de su vida, aun cuando las cosas estén difíciles.

☐ ☐ **Principio 19:** Ofrezcan la luz de la esperanza que Dios les ha dado a las personas que Dios trae a su camino y que también están pasando por momentos difíciles.

☐ ☐ **Principio 20:** Queridos amigos, ustedes han pasado por muchas pruebas. No se pierdan el regalo de paz que Dios les quiere dar.

# Reflexión

1. Consideren el camino que han recorrido en estas 20 lecciones. ¿Cómo ha cambiado su relación con Dios? ¿Piensan que han empezado a confiar en Él más con el proceso de la vida y el resultado? ¿Por qué?

_____
_____
_____
_____

2. Consideren el camino que han recorrido en estas 20 lecciones. ¿Cómo ha cambiado su relación con su hijo(a,e) LGBTQ+? Si cambió, ¿cómo? Y si no cambió, ¿porque piensan que es así?

_____
_____
_____
_____

3. Al repasar la lista de principios en conjunto, ¿hay algunos que son más fáciles de aceptar que otros? ¿Por qué?

_____
_____
_____
_____

4. ¿Cuáles de los principios que exploraron en este libro fueron los más difíciles de aceptar o de aplicar en su vida con su hijo(a,e) LGBTQ+? ¿Por qué piensan que es así?

5. ¿De qué maneras pueden continuar interactuando con este contenido y las lecciones que han aprendido al adoptar su camino como familia?

## Actuar

Comprométanse a seguir en este camino hacia la esperanza, y siéntanse bien con respecto al trabajo que han hecho para aceptar su camino. ¡Buen viaje!

## *Los* AUTORES:

Greg y Lynn McDonald son los autores de *Embracing the Journey: A Christian Parents' Blueprint to Loving Your LGBTQ+ Child* (Cómo aceptar el trayecto: Una guía para amar a su hijo(a,e) LGBTQ+ para padres cristianos), y fundadores de Embracing the Journey, Inc., un ministerio nacional con sede en Atlanta, dedicado a ayudar a reconciliar a personas LGBTQ+, sus familias y la Iglesia no a pesar de la Biblia sino debido a la Biblia.

### PARA OBTENER MÁS DETALLES VISITEN A
www.embracingthejourney.org/

www.ingramcontent.com/pod-product-compliance
Lightning Source LLC
Chambersburg PA
CBHW060401080526
44583CB00012B/423